高等院校旅游专业系列教材

旅游企业财务管理与案例

主编 张继东 尹美群
编者 乌兰图雅 王雪宁 王海滢

南开大学出版社
天 津

图书在版编目(CIP)数据

旅游企业财务管理与案例 / 张继东,尹美群主编.
—天津：南开大学出版社,2013.5
（高等院校旅游专业系列教材）
ISBN 978-7-310-04158-9

Ⅰ.①旅… Ⅱ.①张…②尹… Ⅲ.①旅游企业—财务管理—案例—高等学校—教材 Ⅳ.①F590.66

中国版本图书馆 CIP 数据核字(2013)第 071318 号

版权所有　侵权必究

南开大学出版社出版发行
出版人：孙克强
地址：天津市南开区卫津路 94 号　邮政编码：300071
营销部电话：(022)23508339　23500755
营销部传真：(022)23508542　邮购部电话：(022)23502200

＊

天津市蓟县宏图印务有限公司印刷
全国各地新华书店经销

＊

2013 年 5 月第 1 版　　2013 年 5 月第 1 次印刷
230×170 毫米　16 开本　12 印张　218 千字
定价:25.00 元

如遇图书印装质量问题，请与本社营销部联系调换，电话:(022)23507125

高等院校旅游专业系列教材
——旅游财务管理丛书

主编：计金标
编委：尹美群　李　伟　张继东
　　　代冰彬　陈咏英　张金宝
　　　陆　勇

序　言

目前，旅游企业的财务管理研究、资本运营研究以及相关的企业风险管理、内部控制和信息化等在业界和学界尚未有系统性的介绍。而目前中国旅游业本身发展与前景获得了社会的一致认同。我们曾经思考：为什么如此有前景的行业，其财务、资本以及控制与风险管理还没有系统地研究？作者认为有两个原因：第一，由行业本身的特点决定。就目前旅游市场与企业的来看，企业的财务绩效和成长性都优于其他行业。中国旅游市场的待开发空间仍然很大。就2012年实行的高速公路免费政策带来的191亿的收入结果分析来看，即使在旅游配套设施没有跟进的市场情况下，也没有阻碍旅游市场的井喷。旅游市场的开发潜力目前来看是无法估量的，而其产业带动效应更是惊人的。因此，旅游行业和企业战略都定位于市场竞争与市场开发，这样的战略可以带来企业绩效的快速成长。反观国外的旅游企业，从披露的年报分析来看，旅游业都是致力于市场细分与客户管理、财务结构与战略调整。这主要是由于国外旅游市场的成熟与客户群体的稳定。企业从外争变为内修，在收入无法快速增长的情况下，内部管理与控制、成本分析与管理以及客户群的管理都成为企业管理的重点。因此，我们也可以理解目前旅游企业对财务管理研究的滞后原因。旅游企业的发展战略目前没有从市场战略发展到竞争战略。第二，旅游企业财务管理教育方面的不足。到目前为止，从作者所能了解的国内情况来看，从事旅游财务管理研究与资本运作，以及内部控制与风险管理的学校与学者也是屈指可数的。造成这种现象的原因是目前旅游行业的研究没有重视旅游财务管理的方向。就已有的旅游财务管理研究来看，基本上都是普通财务管理的介绍，很难与行业特征相结合。虽然本书也很难跳出这个模式，但是本书的创新之处是用旅游企业的案例来解释财务理论。希望对于旅游业界的人士以及学者有所启发，重新找到一个财务管理与旅游行业关系研究的角度。

基于以上的原因分析，我们认为有必要跨出旅游财务管理研究的前几步。也许我们的研究方向或者思路有所偏差，但是我们希望以此抛砖引玉。这将使旅游财务管理研究获得越来越多的财务人士、财务研究学者以及旅游从业者的关注，让更多的人参与到旅游行业发展与建设上来。同时，也能完善旅游行业的研究体系与框架，不至于让旅游行业的研究框架缺乏财务研究这个重要的支撑。

南开大学出版社在旅游研究与教材出版方面经验丰富，使得我们的观点得到了大力支持与帮助，最终使本书能够得以成形。我们衷心感谢南开大学出版社以及王冰先生的支持与帮助，感谢他们为旅游教育与行业研究做出的贡献。

本书内容以传统财务管理教育为主线，主要分为企业投资、企业融资、资本结构、股利政策以及兼并与收购几个部分。每个部分首先扼要介绍财务管理的相关理论与方法，随后每个部分都配有一两个旅游企业的案例分析作为解释和讲解。本书主要通过案例分析讲解达到传输知识的目的，使学生对于知识的理解变得容易。当然，本书也可以作为旅游行业从事财务管理人士的一个参考手册，希望对实务有所帮助。

本书编写比较匆忙，其中疏漏与差错在所难免。作者对此表示歉意，希望读者可以积极反馈，我们将在未来的修订版本中积极改进。本书最后致谢编写过程中付出努力与帮助的朋友、专家，感谢北京第二外国语学院国际会计与财务中心的支持，感谢计金标教授、尹美群教授、谷慧敏教授、邹统钎教授的指正。感谢黄雪雅的文字编辑与校对。

作者于北京第二外国语学院

2012/12/4

目 录

序 言 ·· 1

第一章 旅游企业财务管理介绍 ·· 1
    第一节 财务管理理论与方法 ··· 1
    第二节 旅游企业的财务管理 ··· 4

第二章 企业投资 ··· 7
    第一节 投资基本理论 ··· 7
    第二节 估值模型 ·· 21
    第三节 公司案例 ·· 31

第三章 企业融资 ··· 55
    第一节 融资理论 ·· 55
    第二节 公司案例 ·· 67

第四章 应收账款 ··· 93
    第一节 应收账款 ·· 93
    第二节 公司案例 ·· 98

第五章 现金流量表 ·· 102
    第一节 现金流量 ··· 102
    第二节 现金流量对企业理财的影响 ··· 105
    第三节 现金流量表 ·· 106

第六章 并购 ··· 113
    第一节 并购基本理论 ··· 113
    第二节 并购估价方法 ··· 121
    第三节 公司案例 ··· 130

第七章　资本结构与股利政策·················152
第一节　基本理论·····························152
第二节　资本结构与股利模型确定方法·······159
第三节　公司案例·····························162

参考文献···183

第一章 旅游企业财务管理介绍

第一节 财务管理理论与方法

一、财务管理与财务管理目标

对组织内的资金需要及资金筹措提供可能性的调整活动被称作为财务管理,也叫公司理财。在英文中,有时也叫 Finance。但是,和金融不同,财务管理注重公司的资金需求和筹措、资本结构、股利政策等。在英语中常归纳为公司理财(Corporate Finance)。公司财务主要回答以下三个问题:(1)公司选择什么样的长期投资?(2)公司如何对投资所需资金进行融资?(3)公司要准备多少短期现金以备使用?除了以上的问题外,财务管理还解决了由以上三个问题衍生出来的一些其他内容,比如并购、股利政策、资本结构等(ROSS,Corporate Finance 5th)。

为了创造价值,财务经理应该做出聪明的投资决策与融资决策。财务经理必备技巧:(1)作为总战略者:使用信息,快速制订重要的决策;(2)作为企业总交易者应关注风险资本、收购兼并、战略合伙;(3)作为企业总风险控制者:成为总沟通者帮助企业进行管理与控制,提供支持决策。财务经理的目标就是在投资决策时要以股东财富最大化为目标。这意味着需要对"收益-成本"进行分析与对比。如果进一步分析,我们可以研究这两个问题:(1)等额现在的现金比未来的现金好。(2)获取这些现金面临的风险考虑。财务管理将要做什么呢?①估算一系列现金流的工具,主要考虑货币时间价值,同时测算和调整风险。②检验投资决策,这方面的内容主要包括:如何计算现金流,由此衍生出来的现金流经济学的理论与应用。③检验融资决策,帮助企业获得最佳的财务结构。

二、财务管理理论发展

财务管理作为一门独立的学科产生于 19 世纪末,美国学者格林(Thomas L. Greene)于 1897 年出版的《公司理财》标志着财务管理学科的诞生。财务管理理论的发展大体经历了资金筹集与财务核算、内部财务控制、投资财务管理和现代财务管理四个阶段。

1. 资金筹集与财务核算阶段(19 世纪末到 20 世纪 20 年代)

这一阶段的财务管理主要注重于资金筹措和财务核算、股票和债券的发行、回收及收益的计算,处理好公司与投资者、债权人之间的财务关系,研究公司治理、证券发行和公司合并等有关法律性业务,为企业筹措资金服务。

2. 内部财务控制阶段(20 世纪 30 年代初至 20 世纪 40 年代)

在激烈的市场竞争中,要维持企业的生存与发展,财务管理的主要问题不仅在于筹措资金,更需要重视资金的运作和使用效益的提高,保持合理的资本结构和偿债能力,严格控制财务收支。因此,从这一时期开始,财务管理学的研究重心开始向内部控制(资金的内部管理)转移。

3. 投资财务管理阶段(20 世纪 40 年代到 20 世纪 70 年代)

20 世纪 40 年代和 50 年代初期,企业财务管理开始重视现金流量的分析以及从企业内部对这些现金流量进行计划和控制,资本预算也开始引起人们的关注和重视。到了 50 年代中期,资本预算以及货币时间价值引起财务人员的广泛关注。资本投资项目评估和选择的方法与技术得到了发展,财务管理日益重视资本在企业内部的有效配置问题。财务管理人员的责任和权力范围扩大,开始对投放于各种资产的全部资金进行管理。从 50 年代后期开始,财务管理朝着"严谨的数量分析"方向发展。电脑的日益普及,各种复杂的计量模型的应用,使财务分析、财务预测、财务计划、财务控制等方法得到了广泛的应用。20 世纪 60 年代至 70 年代,资产负债表中负债和股东权益的分析再度受到重视。财务管理重点研究公司最佳资本结构的形成,即研究如何均衡负债与普通股、短期资金与长期资金,使企业形成总资本成本最低的资本结构。在这一阶段,财务理论借鉴经济学的新成果,以提高投资收益为目标,以时间价值理论和风险控制理论为基础,开始向高级管理领域拓展,并取得了一系列成果。

4. 现代财务管理阶段(20 世纪 70 年代至今)

现代财务管理阶段的突出特征是:随着计算机技术的广泛应用,出现了计算机财务决策系统;网络技术和电子商务的发展,推动了财务管理从桌面财务走向网络财务。

三、财务管理理论

理财学界普遍认为，1958年美国米勒教授和莫格迪莱尼教授关于资本结构无关论的研究论文的发表，标志着现代理财学的诞生。从那以后，现代西方财务管理理论大体包括这样一些内容。

（一）有效市场理论

有效市场理论要说明的是金融市场上信息的有效性，即证券价格能否有效地反映全部的相关信息。有效市场理论给财务管理活动带来了很多启示，例如，既然价格的过去变动对价格将来的变动趋势没有影响，就不应该根据股票价格的历史变化决定投资或融资；既然市场价格能够反映企业的状况，市场上的证券价格一般也就是合理的，因此凡是对证券的高估或低估，都应当谨慎；既然资本市场上的证券都是等价的，每种证券的净现值都等于零，因此各种证券可以相互替代，也就可以通过购买各种证券进行投资组合。

（二）资本结构理论

最初的资本结构理论认为，根据某些假设，通过套利活动，企业不会因为资本结构的不同而改变其价值，即对于企业价值来讲，资本结构是无关的。随着研究的深入，对问题的认识有了变化，即如果考虑公司所得税，由于债息可以抵税，在一定假设的前提下，企业的价值会随负债程度的提高而增加，因此企业的负债越多，价值越大。以上理论的某些假设因为在现实生活中不能成立，所以其结论不完全符合实际情况。在放宽了一些假设条件，进一步考虑个人所得税之后，得出的结论是：负债企业的价值等于无负债企业的价值加上负债所带来的节税利益，而节税利益的多少依所得税的高低而定，于是企业的资本结构仍与其价值无关。这些理论引起了很多讨论，产生了一些新的认识，诸如"权衡理论"、"信息不对称理论"等。

（三）证券投资组合理论

这一理论给出了关于证券投资组合收益和风险的衡量办法，即在一定的条件下，证券投资组合的收益可由构成该组合的各项资产的期望收益的加权平均数衡量，而风险则可由各项资产期望收益的加权平均方差和协方差衡量。计量出了证券投资组合的价值，投资者便可以通过适当的证券组合，提高投资收益。

（四）资本资产定价模型

该理论用于对股票、债券等有价证券价值的评估。按照资本资产定价模型，在一定的假设条件下，某项风险资产，比如某股票的必要报酬率，等于无风险报酬率加上风险报酬率。资本资产定价模型回答了为补偿风险，投资者应当获得多大报酬的问题。

（五）股利理论

股利理论是关于企业采取怎样的股利发放政策的理论，分为股利无关论和股利相关论两类论点。在股利无关论看来，在完全市场条件（即具备一定的假定条件）下，由于存在套利活动，投资者对于企业是留存较多的利润用于再投资，还是发放较多的股利并无偏好，他们可以通过套利自动补偿损失。既然投资者不关心股利的分配，企业的价值就完全由其投资的获利能力所决定，企业的股利政策不影响企业的价值。股利相关论则认为，现实中不存在股利无关论提出的完全市场条件，企业股利的分配是在种种制约因素中进行的，企业不可能摆脱这些因素的影响。这些因素既有法律、社会的，又有股东的，还有企业自身的。由于存在诸多影响股利分配的因素，企业的股利政策与其价值必然相关，企业的价值就不会仅仅由其投资的获利能力所决定。从这一基本观点出发，又形成了若干股利政策影响投资者行为的理论，如"信息传播论"等。

第二节 旅游企业的财务管理

一、旅游企业财务管理内容

旅游企业的财务管理到目前仍然是一个很难界定范围的概念。旅游行业中企业的性态有很多种，就目前主流的分类上看，包括了酒店、旅行社、景区和景点，以及类似于携程与艺龙的第三方旅游服务企业，那么旅游企业财务管理的概念就过于庞大了。每个性态企业的财务管理内容、财务管理的目标以及财务管理的方法都不尽相同。我们对目前主流的旅游企业的财务管理的内容做了如下总结：

第一，酒店类企业。目前我国资本市场有 7 家上市的酒店类企业，从酒店类企业财务管理的内容分析看，主要集中在投资和融资方面。酒店类企业的特殊经营模式决定了酒店类企业的财务管理倾向于投资领域与融资领域。从投资与融资领域衍生的资本结构与并购话题也是酒店类企业财务管理关心的话题。酒店类企业其他相关的财务管理话题集中在成本管理与客户关系管理。但是成本管理与客户关系管理已经隶属于管理会计的讨论范畴，本书中不予讨论。

第二，旅行社企业。从国外与国内旅行社企业的财务年报分析来看，旅行社企业是一个典型的轻资产行业。目前财务管理的重点是关注于公司投资方向。上市的旅行社企业财务管理与资本市场行为也印证了这一点。调整财务结构与资产结构是旅行社企业表现出来的常见的财务行为。本书后面的投资、并购案例都是以旅行社的上市企业为主。旅行社企业目前财务管理中的绩效管理与预算管理也是突出的财务管理话题。同时这部分也是管理会计讨论的话题。

第三，景区与景点企业。从国内的景区与景点企业表现出来的财务管理行为来看，主要体现在融资行为以及衍生的资本结构话题。景区景点的资产特殊性，决定财务管理主要以融资与相关的资本结构相关。景区景点的投资对象单一，因此，景区景点企业的主要财务行为表现在如何通过融资与改变资本结构关系从而达到最优的财务绩效。而融资衍生的现金流管理与应收账款表现的比较明显突出。

第四，第三方服务类旅游企业。携程网、芒果网、艺龙网等第三方服务类旅游企业的财务行为更多地表现为资本运作与创业型公司行为。这类企业的财务管理行为与 VC 和 PE 这些投资机构行为有密切关系。本书作为教材，不会对此类财务行为进行讨论。有兴趣的读者可以参照 VC 与 PE 投资相关的教材或书籍。

综上所述，本教材将要讨论的旅游企业财务管理仍然集中在传统财务管理的内容与理论，但是本教材根据以上各类型企业的特征分别在各自所关注的财务理论部分通过案例分析做出表述，这也是本教材的创新与特色之一。

二、旅游企业财务管理的方法与目标

旅游企业财务管理方法仍然以传统财务管理方法为主，如现金流管理、应收账款管理等，但是要结合每种类型的旅游企业财务管理特点进行适当的组合与调整。一直以来财务管理战略支撑企业的战略管理目标。因此，旅游企业制定财务管理战略、方法与目标一定是以企业自身的战略目标为基础。在企业战略目标框架下，获取最优的财务管理战略、方法与目标的组合。这应该是旅游企业财务负责人应该应对的主要挑战。本书建议如下：

第一，酒店类企业。财务管理方法与目标主要集中在投资与融资领域，而这方面的财务管理行为一定与酒店类企业目前经营模式组合有密切关系。酒店类企业有租赁经营模式、管理经营模式等。对于不同的商业经营模式，在财务管理的投资与融资方面有不同方法与目标设定。因此酒店类企业在确定了自己经营模式组合之后，财务管理方法与目标才容易确定。

第二，旅行社企业。传统旅行社企业的收入单一性与轻资产性，决定了旅行社企业的财务行为偏向投资带来的收入结构与资本结构调整。因此旅行社企业的财务管理方法与目标取决于旅行社企业对于自身未来发展定位与市场目标。我们现在看到更多的旅行社企业通过固定资产投资的方式来调整自己的资产结构与收入结构。从战略的角度看，似乎更多的旅行社企业倾向于多元化经营战略。那么财务管理的方法和目标以服务企业多元化为目标。

第三，景区景点企业。景区景点的企业财务管理之所以表现出更加关注融资领域以及相关的资本结构的特征，主要是因为景区景点企业未来收入稳定性与服务市场开发不确定性。因此，景区景点企业通过融资与调整资本结构，希望自身企业能获得更多盈利渠道，同时开发新的盈利模式。那么景区景点的财务管理方法与目标可以根据企业的战略目标来确定。

第四，第三方服务类旅游企业。财务管理的方法与目标应该以"风险投资管理与目标"为原则。由于财务管理中考虑了VC和PE的引入，因此不在本教材中赘述。

第二章　企业投资

第一节　投资基本理论

一、货币时间价值

（一）货币的时间价值

本杰明·弗兰克说：钱生钱，并且所生之钱会生出更多的钱。这就是货币的时间价值的本质。时间价值是客观存在的经济范围，任何企业的财务活动，都是在特定的时空中进行的。时间价值原理正确地揭示了不同时点上资金之间的换算关系，是财务决策的基本依据。为此，财务人员必须了解时间价值的概念和计算方法。

货币的时间价值（Time value of money）概念认为，目前拥有的货币比未来收到的同样金额的货币具有更大的价值，因为目前拥有的货币可以进行投资，在目前到未来这段时间里获得复利。即使没有通货膨胀的影响，只要存在投资机会，货币的现值就一定大于它的未来价值。关于时间价值的概念，西方国家的传统说法是：即使在没有风险和通货膨胀的条件下，今天1元钱的价值亦大于1年以后1元钱的价值。股东投资1元钱，就牺牲了当时使用或消费这1元钱的机会或权利，按牺牲时间计算的这种牺牲的代价或报酬，就叫时间价值。但是这些概念都没有揭示时间价值的真正来源。马克思没有用"时间价值"这一概念，但正是他无情地揭示了这种所谓的"耐心报酬"就是剩余价值。

专家给出的定义是：货币的时间价值就是指当前所持有的一定量货币比未来获得的等量货币具有更高的价值。从经济学的角度而言，现在的一单位货币与未来的一单位货币的购买力之所以不同，是因为要节省现在的一单位货币不消费而改在未来消费，则在未来消费时必须有大于一单位的货币可供消费，作为弥补延迟消费的贴水。严格来说，货币是没有时间价值的，有时间价值的是资金，在不考虑通胀的情况下，一块钱的货币，你放在桌上一万年它也是一块钱，而资金的一块钱与明天的一块钱都是不同的。请参考货币、资金、资金的时间价值的定义，货币的时间价值是货币在使用过程中，随着时间的变化发生的增值，也称资金的时间价值。在商品经济条件下，即使不存在通货膨胀，等量货币在不同时点上，其价值也是不相等的。应当说，今天的1元钱要比将来的1元钱具有更大的经济价值。

通常情况下，货币时间价值相当于没有风险和通货膨胀情况下社会平均的利润率。在实务中，通常以国债一年的利率作为参照。货币时间价值应用贯穿于企业财务管理的方方面面：在筹资管理中，货币时间价值让我们意识到资金的获取是需要付出代价的，这个代价就是资金成本。资金成本直接关系到企业的经济效益，是筹资决策需要考虑的一个首要问题；在项目投资决策中，项目投资的长期性决定了必须考虑货币时间价值，净现值法、内含报酬率法等都是考虑货币时间价值的投资决策方法；在证券投资管理中，收益现值法是证券估价的主要方法，同样要求考虑货币的时间价值。

货币时间价值是一种客观存在的事实，根据可靠性会计信息质量的要求，以货币计量企业资金运动全过程的会计实务充分考虑货币时间价值成为必然。

（二）单利的计算

本金在贷款期限中获得利息，不管时间多长，所生利息均不加入本金重复计算利息。单利利息计算公式为：$I=P\times i\times t$。

式中，P为本金，又称期初额或现值；

i为利率，通常指每年利息与本金之比；

I为利息；

t为时间。

例：某企业有一张带息期票，面额为1200元，票面利率为5%，出票日期6月15日，8月14日到期（共60天），则到期时利息为：$I=1\,200\times 5\%\times 60/360=10$（元）。

（终值计算：$S=P+P\times i\times t$　　现值计算：$P=S-I$）

（三）复利计算

每经过一个计息期，要将所生利息加入本金再计利息，逐期滚算，俗称"利滚利"。

复利终值：$S=P(1+t)n$，其中$(1+t)n$被称为复利终值系数或1元的复利终值，用（s/p,i,n）表示。

复利现值：$P=S(1+t)-n$，其中$(1+t)-n$称为复利现值系数，或称1元的复利现值，用（p/s,i,n）表示货币的时间价值。

复利利息：I=S-P

名义利率与实际利率。复利的计息期不一定总是一年，有可能是季度、月、日。当利息在一年内要复利几次，给出的年利率叫做名义利率。

例：本金 1 000 元，投资 5 年，利率 7%，每年复利一次，其本利和与复利利息：

S=1 000×(1+7%)5=1 000×1.5=1 500　　I=1 500-1 000=500

如果每季度复利一次，每季度利率=7%/4=1.75%，复利次数=5×4=20

S=1 000×(1+1.75%)20=1 000×1.415=1 415　　I=1 415-1 000=415

当一年内复利几次时，实际得到的利息要比按名义利率计算的利息高。把例中实际利率 7%改为 8%，得：S=P(1+i)n，1486=1000×(1+i)5，(1+i)5=1.486，即（s/p,i,n）=1.486，查表得：（S/P，8%，5）=1.469，(S/P，9%，5)=1.538。

二、利率

（一）利率

利率（Interest rate），就表现形式来说，是指一定时期内利息额同借贷资本总额的比率。利率是单位货币在单位时间内的利息水平，表明利息的多少。经济学家一直在致力于寻找一套能够完全解释利率结构和变化的理论。利率通常由国家的中央银行控制，在美国由联邦储备委员会管理。现在，所有国家都把利率作为宏观经济调控的重要工具之一。当经济过热、通货膨胀上升时，便提高利率、收紧信贷；当过热的经济和通货膨胀得到控制时，便会把利率适当地调低。因此，利率是重要的基本经济因素之一。

利率是经济学中一个重要的金融变量，几乎所有的金融现象、金融资产均与利率有着或多或少的联系。当前，世界各国频繁运用利率杠杆实施宏观调控，利率政策已成为各国中央银行调控货币供求进而调控经济的主要手段，利率政策在中央银行货币政策中的地位越来越重要。合理的利率，对发挥社会信用和利率的经济杠杆作用有着重要的意义，而合理利率的计算方法是我们关心的问题。

利率的高低，即影响利率的因素，主要有资本的边际生产力或资本的供求关系；此外还有承诺交付货币的时间长度以及所承担风险的程度。利率政策是西方宏观货币政策的主要措施，政府为了干预经济，可通过变动利率的办法来间接调节通货。在萧条时期，降低利率，扩大货币供应，刺激经济发展；在膨胀时期，提高利率，减少货币供应，抑制经济的恶性发展。所以，利率对我们的生活有很大的影响。利率是借款人需向其所借金钱支付的代价，亦是放款人延迟其消费、借给借款人所获得的回报。利率通常以一年期利息与本金的百分比计算。

利率是调节货币政策的重要工具，亦用以控制例如投资、通货膨胀及失业率等，继而影响经济增长。

（二）利率的几种理论

从借款人的角度来看，利率是使用资本的单位成本，是借款人使用贷款人的货币资本而向贷款人支付的价格；从贷款人的角度来看，利率是贷款人借出货币资本所获得的报酬率。如果用 i 表示利率、I 表示利息额、P 表示本金，则利率可用公式表示为：$i=I/P$。一般来说，利率根据计量的期限标准不同，表示方法有年利率、月利率、日利率。

在现代经济中，利率作为资金的价格，不仅受到经济社会中许多因素的制约，而且利率的变动会对整个经济产生重大的影响。因此，现代经济学家在研究利率的决定问题时，特别重视各种变量的关系以及整个经济的平衡问题。利率决定理论也经历了古典利率理论、凯恩斯利率理论、可贷资金利率理论、IS—LM 利率分析以及当代动态的利率模型的演变及发展过程。

凯恩斯认为，储蓄和投资是两个相互依赖的变量，而不是两个独立的变量。在他的理论中，货币供应由中央银行控制，是没有利率弹性的外生变量。此时货币需求就取决于人们心理上的"流动性偏好"。而后产生的可贷资金利率理论是新古典学派的利率理论，是为修正凯恩斯的"流动性偏好"利率理论而提出的。在某种程度上，可贷资金利率理论实际上可看成古典利率理论和凯恩斯理论的一种综合。

英国著名经济学家希克斯等人则认为，以上理论没有考虑收入的因素，因而无法确定利率水平，于是于 1937 年提出了一般均衡理论基础上的 IS—LM 模型，从而建立了一种在储蓄、投资、货币供应和货币需求这四个因素的相互作用之下的利率与收入同时决定的理论。

根据此模型，利率的决定取决于储蓄供给、投资需要、货币供给、货币需求四个因素，导致储蓄投资、货币供求变动的因素都将影响到利率水平。这个理论的特点是一般均衡分析。该理论在比较严密的理论框架下，把古典理论的商品市场均衡和凯恩斯理论的货币市场均衡有机地统一在一起。

马克思的利率决定理论是从利息的来源和实质的角度来分析的，考虑了制度因素在利率决定中的作用，其理论核心为利率是由平均利润率决定的。马克思认为在资本主义制度下，利息是利润的一部分，是剩余价值的一种转换形式。利息的独立化，对于真正显示资金使用者在再生产过程中所起的能动作用有积极意义。

（三）影响利率的因素

1. 利润率的平均水平

在社会主义市场经济中，利息仍作为平均利润的一部分，因而利息率也是由平均利润率决定的。根据中国经济发展现状与改革实践，这种制约作用可以概括为：利率的总水平要适应大多数企业的负担能力。也就是说，利率总水平不能太高，太高了大多数企业承受不了；相反，利率总水平也不能太低，太低了不能发挥利率的杠杆作用。

2. 资金的供求状况

在平均利润率既定时，利息率的变动则取决于平均利润分割为利息与企业利润的比例。而这个比例是由借贷资本的供求双方通过竞争确定的。一般地，当借贷资本供不应求时，借贷双方的竞争结果将促进利率上升；相反，当借贷资本供过于求时，竞争的结果必然导致利率下降。在中国市场经济条件下，由于作为金融市场上的商品的"价格"——利率，与其他商品的价格一样受供求规律的制约，因而资金的供求状况对利率水平的高低仍然有决定性作用。

3. 物价变动的幅度

由于价格具有刚性，变动的趋势一般是上涨，因而怎样使自己持有的货币不贬值，或遭受贬值后如何取得补偿，是人们普遍关心的问题。这种关心使得从事经营货币资金的银行必须使吸收存款的名义利率适应物价上涨的幅度，否则难以吸收存款；同时也必须使贷款的名义利率适应物价上涨的幅度，否则难以获得投资收益。所以，名义利率水平与物价水平具有同步发展的趋势，物价变动的幅度制约着名义利率水平的高低。

4. 国际经济的环境

改革开放以后，中国与其他国家的经济联系日益密切。在这种情况下，利率也不可避免地受国际经济因素的影响，表现在以下几个方面：（1）国际间资金的流动，通过改变中国的资金供给量影响中国的利率水平；（2）中国的利率水平还要受国际间商品竞争的影响；（3）中国的利率水平，还受国家外汇储备量的多少和利用外资政策的影响。

5. 政策性因素

自 1949 年建国以来，中国的利率基本上属于管制利率类型，利率由国务院统一制定，由中国人民银行统一管理，在利率水平的制定与执行中，要受到政策性因素的影响。例如，建国后至改革开放前，中国长期实行低利率政策，以稳定物价、稳定市场。1979 年以来，对一些部门、企业实行差别利率，体现出政策性的引导或政策性的限制。可见，在中国社会主义市场经济中，利率不是完全随着信贷资金的供求状况自由波动，它还取决于国家调节经济的需要，并受国家的控制和调节。

（四）银行合理利率的计算模型

国内生产总值名义值=国内生产总值实际值（V）× 物价总指数（P）

根据数据，首先构造国内生产总值实际值（V）与固定资本（K）及劳动（L）之间的生产函数关系：

$$V=AK^aL^{1-a}$$

上式中，V 为国内生产总值，K 为全社会固定资本存量，L 为全社会从业人员，A、a 为参数。在不考虑技术进步时，可以认为 a、A 为正常数。应当指出，一个效用函数在某一特定时刻只有一种，而且很难用数学式子来完全准确地表达出来。以上的效用函数仅是一个效用函数的近似表达式，还需在实践中不断完善。

这样便得到公式：

V=3.380527635×K×1.128590175×L-0.128590175

上式所得与实际值有一定的偏差，误差率保持在 0.01567～0.109912 之间，属于正常范围。

银行利率的计算与租金的计算有着直接的联系，因此我们首先需要求出租金的计算公式，所谓资本的租金是指如果一个人拥有 K 亿元的资本，并将它租给生产者使用，生产者应支付 R×K 的租金。

由于折旧率为 δ、资本折旧为 $\delta \times K$，那么资本收益或回报为 $R \times K - \delta \times K$。再定义资本收益率或回报率为：

资本收益率或回报率 r=资本收益或回报/资本

即：$r=(R \times K - \delta \times K)/K = R - \delta$ (3)

但由于资本回报中有相当一部分要缴纳各种税收，所以将钱存入银行所得的利率 i<r，设资本回报 r×K 中要征收一定的税作为公共投资，征收的各种税费占国民生产总值合理比例为£，即征税总额为£*V，在这里我们要考虑到误差的存在，设误差系数为 b，在征完税费之后为资本应得回报 r×K-£*V×b。它与资本 K 之比可以理解为银行利率 i 的合理位置，因此有如下式子：

i=r×K-£*V/K=r-£*V/K×b

注意到 r=R-δ，因此上式可以记为：

i=R-δ-£*V/K×b

在单部门模型中，折旧率设为：δ=0.1，b 是误差系数。从上式看出，利率的大小与 K/L、£、b 有关。

三、投资决策基本原理

（一）什么是投资决策

投资决策是企业所有决策中最为关键、最为重要的决策，因此我们常说：投资决策失误是企业最大的失误，一个重要的投资决策失误往往会使一个企业陷入困境，甚至破产。因此，财务管理的一项极为重要的职能就是为企业当好参谋，把好投资决策关。

所谓投资决策，是指投资者为了实现其预期的投资目标，运用一定的科学理论、方法和手段，通过一定的程序，对若干个可行性的投资方案进行研究论证，从中选出最满意的投资方案的过程。投资决策分为宏观投资决策、中观投资决策和微观投资决策三部分。

（二）投资决策的特点

1. 投资决策具有针对性。投资决策要有明确的目标。如果没有明确的投资目标就无所谓投资决策，而达不到投资目标的决策就是失策。

2. 投资决策具有现实性。投资决策是投资行动的基础，投资决策是现代化投资经营管理的核心。投资经营管理过程就是"决策—执行—再决策—再执行"反复循环的过程。因此，可以说企业的投资经营活动是在投资决策的基础上进行的，没有正确的投资决策，也就没有合理的投资行动。

3. 投资决策具有择优性。投资决策与优选概念是并存的，投资决策中必须提供实现投资目标的几个可行方案，因为投资决策过程就是对诸投资方案进行评判选择的过程。合理的选择就是优选。优选方案不一定是最优方案，但它应是诸多可行投资方案中最满意的投资方案。

4. 投资决策具有风险性。风险就是未来可能发生的危险，投资决策应顾及实践中将出现的各种可预测或不可预测的变化。因为投资环境是瞬息万变的，风险的发生具有偶然性和客观性，是无法避免的，但人们却没法去认识风险的规律性，依据以往的历史资料并通过概率统计的方法，对风险做出估计，从而控制并降低风险。

（三）投资决策的意义

企业的各级决策者经常要面临与资本投资相关的重大决策。在面临投资决策时，必须在不同方案之间做出某些选择。确切地说，投资决策的意义在于：

1. 资本投资一般要占用企业大量资金。

2. 资本投资通常将对企业未来的现金流量产生重大影响，尤其是那些要在企业承受好几年现金流出之后才可能产生现金流入的投资。

3. 很多投资的回收在投资发生时是不能确知的，因此，投资决策存在着风险和不确定性。

4. 一旦做出某个投资决策，一般不可能收回该决策，至少这么做代价很大。

5. 投资决策对企业实现自身目标的能力产生直接影响。

综上所述，投资决策决定着企业的未来，正确的投资决策能够使企业降低风险、取得收益，糟糕的投资决策能置企业于困境。所以，我们必须经过深思熟虑并在正确原理的指导下做出正确的投资决策。

（四）投资决策的一般方法

评价投资方案时使用的指标分为贴现指标和非贴现指标。贴现指标是指考虑了时间价值因素的指标，主要包括净现值、现值指数、内含报酬率等。非贴现指标是指没有考虑时间价值因素的指标，主要包括回收期、会计收益期等。相应地，将投资决策方法分为贴现的方法和非贴现的方法。

（五）贴现的分析评价方法

贴现的分析评价方法，是指考虑货币时间价值的分析评价方法。主要有净现值法、现值指数法和内含报酬率法。

1. 净现值法

这种方法使用净现值作为评价方案优劣的指标。所谓净现值（NPV），是指特定方案未来现金流入的现值与未来现金流出的现值之间的差额。

计算净现值（NPV）的公式为：

$$NPV = \sum_{t=1}^{n} \frac{I_t}{1+K^t} \sum_{t=1}^{n} \frac{O_t}{(1+K)^t}$$

式中，n 为投资年限；

I_t 为第 t 年的现金流入量；

O_t 为第 t 年的现金流出量；

K 为预定的贴现率。

若净现值为正数，说明贴现后现金流入大于贴现后现金流出，该投资项目的报酬率大于预定的贴现率，项目是可行的；若净现值为负数，说明贴现后现金流入小于贴现后现金流出，该投资项目的报酬率小于预定的贴现率，项目是不可行的。

2. 现值指数法

这种方法使用现值指数作为评价方案的指标。所谓现值指数（PI），是未来现金流入现值与现金流出现值的比率，亦称现值比率、获利指数、贴现后收益—成本比率等。其计算公式为：

$$PI = \frac{\sum_{t=1}^{n} \frac{I_t}{(1+K)^t}}{\sum_{t=1}^{n} \frac{O_t}{(1+K)^t}}$$

式中，n 为投资年限；

I_t 为第 t 年的现金流入量；

O_t 为第 t 年的现金流出量；

K 为预定的贴现率。

若现值指数大于 1，说明贴现后现金流入大于贴现后现金流出，该投资项目的报酬率大于预定的贴现率，项目是可行的；若现值指数小于 1，说明贴现后现金流入小于贴现后现金流出，该投资项目的报酬率小于预定的贴现率，项目是不可行的。

3. 内含报酬率法

内含报酬率法是根据方案本身内含报酬率来评价方案优劣的一种方法。所谓内含报酬率（IRR），是指能够使未来现金流入量现值等于未来现金流出量的贴现率，或者说是使方案净现值为零的贴现率，又称为内部收益率。

若内含报酬率大于企业所要求的最低报酬率（即净现值中所使用的贴现率），就接受该投资项目；若内含报酬率小于企业所要求的最低报酬率，就放弃该项目。实际上内含报酬率大于贴现率时接受一个项目，也就是接受了一个净现值为正的项目。

净现值法和现值指数法虽然考虑了货币的时间价值，可以说明方案高于或低于某一特定的标准，但没有揭示方案本身可以达到的真实的报酬率是多少。内含报酬率法是根据方案的现金流量计算出的，是方案本身的真实投资报酬率。

内含报酬率法的计算，通常需要使用"逐步测试法"，计算比较烦琐。不过 Excel 提供了计算内含报酬率法的函数，使计算变得很简单。

（六）企业投资决策程序

1. 确定投资目标

确定企业投资目标是投资决策的前提。正确确定投资目标必须要做到：

（1）有正确的指导思想。要在指导思想上明确为什么投资，最需要投资的环节、自身的条件与资源状况、市场环境的状况等。

（2）有全局观念。要考虑把眼前利益与长远利益结合起来，避免"短期与近视"可能带来的影响到企业全局和长远发展的不利情况。

（3）有科学的态度。科学的投资决策是保证投资有效性的前提。要实事求是，注重对数据资料的分析和运用，不能靠"拍脑袋"来决定是关重大的投资决策方案。

2. 选择投资方向

在明确投资目标后，就可以进一步拟定具体的投资方向。这一步也很重要，事关企业今后在哪里发展的问题。

3. 制定投资方案

在确定投资方向之后，就要着手制定具体的投资方案，并对方案进行可行性论证。一般情况下，可行性决策方案要求有两个以上，因为这样可以对不同的方案进行比较分析，对方案的选择是有利的。

4. 评价投资方案

这一步主要是对投资风险与回报进行评价分析，由此来断定投资决策方案的可靠性如何。企业一定要把风险控制在它能够承受的范围之内，不能有过于投机或侥幸的心理，一旦企业所面临的风险超过其承受的能力，将会铸成大错，导致企业的灭亡。

5. 投资项目选择

狭义的投资决策是指决定投资项目这个环节。选择的投资项目必须是由相应一级的责任人来承担责任。把责任落实到具体的人，这样便于投资项目的进行。

6. 调整决策方案和投资后的评价

投资方案确定之后，还必须要根据环境和需要的不断变化，对原先的决策进行适时地调整，从而使投资决策更科学合理。

四、资本预算基本原理

（一）资本预算

1. 定义

资本预算又称建设性预算或投资预算，是指企业为了今后更好地发展，获取更大的报酬而做出的资本支出计划。它是综合反映建设资金来源与运用的预算。其支出主要用于经济建设，其收入主要是债务收入。资本预算是复式预算的组成部分。其特点是：（1）资金量大；（2）周期长；（3）风险大；（4）时效性强。

2. 过程

资本预算或投资预算的过程包括以下几个方面：

（1）确定决策目标；

（2）提出各种可能的投资方案；

（3）估算各种投资方案预期现金流量；

(4) 估计预期现金流量的风险程度，并据此对现金流量进行风险调整；

(5) 根据选择方法对各种投资方案进行比较选优。

(二) 资本预算产生的社会背景

资本预算首先出现在西方资本主义国家。资本主义经济是以生产资料私有制为基础的商品经济。生产社会化与生产资料资本主义私人占有之间的矛盾决定了资本主义社会必然要爆发周期性的经济危机。1825 年，英国爆发了资本主义世界第一次经济危机，以后在 1836 年、1847~1848 年、1857 年、1866 年、1873 年、1882 年和 1890 年又相继爆发了世界性的资本主义经济危机。这一阶段，资本主义国家奉行自由竞争、自由放任的社会经济原则，主张政府不干预经济。各个资本主义国家主要通过资本主义生产方式内在的调节来摆脱危机。

19 世纪末 20 世纪初，各主要资本主义国家先后进入了帝国主义阶段，垄断成为资本主义全部经济生活的基础。生产社会化的巨大发展与生产资料私人占有之间的矛盾更加突出，也为更深刻、更严重的危机打下了基础。进入 20 世纪以后，资本主义国家发生经济危机的频率加快。仅在 20 世纪前 30 年，资本主义国家就发生了五次经济危机。其中 1929~1933 年的大危机是资本主义发展史上最深刻、最持久的一次经济危机。大危机从美国开始，迅速席卷了整个资本主义世界。在这次危机中，资本主义经济受到了严重打击，工业生产下降了 44%，失业率高达 20%以上，失业人数达 3000 多万人，面对失业、通货膨胀和周期性的经济危机，西方资本主义国家普遍认为，原来自由竞争、政府不干预经济的政策已经不适用了，需要加强政府对经济生活的干预和调控作用，扩大政府在国民经济中的活动范围。

在新的经济政策的指导下，政府财政收支的规模有了很大增长，收支内容发生了较大变化，用于生产性项目的投资支出不断增加，国有经济的比重日益上升。在这种背景下，传统的单式预算已不能反映政府日益丰富的全部财政收支活动，不利于国家宏观经济分析，不能作为政府干预经济的有效工具。于是，复式预算应运而生。1927 年，丹麦首先将国家预算分成经常预算和资本（投资）预算。为配合罗斯福"新政"的需要，美国联邦政府从 1933 年 7 月 1 日起实行复式预算制度，将预算分成"正常"和"非正常"两部分。此后，1938 年，瑞典政府开始实行复式预算。瑞典著名财政学家塞纳在阐述其资本预算产生的历史背景时指出："1911 年起瑞典设立了很多'资本性基金'，依靠这些基金积累了一些'生产性资本'，归国家所有。生产性资本是指能产生直接货币收益的资本，例如铁路、通讯、水利电力工程和森林等公有资产。"当时瑞典政府将国家预算收入分为两个部分，一部分由经常性收入组成，另一部分是借贷。预算支出也同样包括两部分，一部分为经常性支出，另一部分为资本积累，也就是给资本性基金的拨款。在这种条件下，1937年瑞典预算政策改革中，正式引用了资本预算，并于1938年开始实行。

概括而言，西方国家先后采纳资本预算的历史原因主要在于：

1. 政府财政支出用于经济建设方面的比重增加，这部分支出与过去的政府行政经费的性质不同，管理要求也不同，需要单独反映。

2. 公营经济扩大，公营资产经营管理成为政府活动的一个重要方面，国有资产的投入、运行和收益越来越占有重要地位。

3. 强调政府干预，实行赤字财政政策，并通过发行国债来弥补财政赤字，由于债务收入不仅要偿还，而且要支付利息，因此用债务收入安排的支出应该是有收益的项目，这样就有必要将政府的支出划分为一般性支出和有收益的资本性支出，并在预算的制定和执行中分别加以反映。

（三）资本测算的分类

1. 按投资的目的划分

（1）扩充型项目。扩充型项目是指使公司能够扩充已有的产品和项目或进入一个新的市场生产新产品的项目。当一个公司决定扩展它的产品和市场时，经常要开拓一条新的销售或者分销渠道，在这种情况下，公司必须设法准确评估对产品和服务的需求。扩充型项目在某种意义上讲风险是最大的，因为它要进入一个从未涉足过的领域。正因为如此，一般情况下扩充型项目的评估往往使用一个相对较高的、要求最低的收益率，同时也会取得高于其他项目的回报。

（2）调整型项目。调整型项目就是与法律法规相一致的项目。社会责任的约束与调整型项目的决策有很大的关系。例如，在很多情况下环保部门会制定空气和水的清洁标准，任何项目都必须遵守这些标准。调整型项目并不是简单地追求股东权益的最大化，而是要首先遵守政府部门制定的行为标准。这样，一般的追求股东权益最大化的现金流分析方法和追求公司长期生存发展的方法在调整型项目中的适用性就会大大降低，最优先考虑的应该是将遵守规则的成本降到最低。

（3）研发型项目。研发型项目是许多公司保证其长期发展能力的关键，特别是那些生产科技产品和提供科技服务的公司。

同时，在研发型项目上的支出所能带来的效益估计起来也是十分困难的，很多情况下是在将来的某个时刻才能得以实现，所以这样的项目也需要相当大的投资规模。由于其现金流入的不确定性和较高的投资水平，研发型项目被列入最具风险性的资本项目之一。

2. 按关系划分

（1）相互独立的项目。相互独立的项目是指为达到投资目的，只有一种投资项目可供选择。尽管这样,对于投资项目是否可行的决策仍可在两种方案中进行,即投资此项目和不投资此项目的选择。从这里可以看出,决策的本质就是比较择优。

(2) 相互排斥的项目。相互排斥的项目是指为达到投资目的,可供选择的投资项目有两种以上,而公司在一定时期的投资规模是有限的,或存在其他的资源限制,不可能将可行的全部项目都实施,只能选取满足公司需要的最佳项目。

(3) 相互关联的项目。相互关联的项目处于以上两者之间,因为它们之间既存在某些相互影响又都不能完全排斥对方。相互关联的项目是一个项目的市场份额会影响到其他项目的市场份额。例如,如果项目 A 是生产一种新型的小型汽车,而项目 B 是生产中型汽车,那么两个项目都可以接受并进行生产,而小型汽车的一部分潜在顾客可能会被吸引而购买中型汽车。这两个项目是相互关联的,是因为一个收入的增加会使得另外一个收入减少。

(四) 资本测算的评价方法

1. 投资回收期法(Pay Back)

例 1:年现金净流量相等时,如下表所示。

年现金净流量	100 000	30 000	30 000	30 000	30 000	30 000
年序	原始投资总额	第 1 年现金净流量	第 2 年现金净流量	第 3 年现金净流量	第 4 年现金净流量	第 5 年现金净流量

投资回收期=原始投资总额/年现金净流量
=100 000/30 000=3.33(年)

2. 平均会计收益率法(Accounting Rate of Return, ARR)

ARR=(年平均税后利润/年平均投资额)×100%

例 2:原始投资为 15 万元,项目期限为 4 年,每年的会计税后利润分别为 3 万元、4 万元、5 万元、6 万元,采用直线折旧。

ARR=[(3+4+5+6)/4]/[(15+0)/2]=60%

当 ARR≥企业目标收益率时,项目可行。

3. 净现值法(Net Present Value, NPV)

$$NPV = \sum_{t=1}^{n} \frac{NCF_t}{(1+i)^t} - I_0$$

决策方法:

(1) NPV>0,接受。

（2）NPV<0，不接受。

4. 获利能力指数法（Profitability Index, PI）

判别准则：在独立的项目中，当 PI≥1 时，项目可以接受；反之，项目应该拒绝.在两个相斥的项目选择中，当两者的 PI≥1，则 PI 越大的项目越好。

$$PI = \frac{\sum_{t=1}^{n} NCF_t(1+i)^{-t}}{I_0}$$

5. 内含报酬率法（Internal Rate of Return, IRR）

定义：投资项目的净现值等于 0 时的贴现率。

$$\sum_{t=1}^{n} \frac{NCF_t}{(1+r_0)^t} = I_0$$

或：

$$\sum_{t=1}^{n} NCF_t \cdot (P/F, r_0, t)^{-t}$$

（五）资本预算中现金流量的估算

1. 现金流量的概念

现金流量包括：现金流入量、现金流出量、现金净流量。

现金净流量＝现金流入量－现金流出量

或：现金净流量＝税后净利润＋折旧

2. 资本预算中采用现金流量的原因

（1）有利于考虑货币的时间价值

能搞清每一笔预期收入、支出的具体时间，利润计算没有考虑资金的收付时间（权责发生制）。

（2）现金流量使资本预算更具有客观性

会计利润一定程度上受存货计价、费用摊派和折旧计提方式影响，折旧不是当期真正的现金支出。

（3）现金流量考虑了投资的实际效果

会计利润仅反映某一会计期间的"应计现金流量"（权责发生制），而不是实际的现金流量。

3. 现金流量的估算

（1）应该注意的问题

①所有的现金流量都需要转换成税后现金流量；

②资本预算的现金流量应该是增量现金流量；

③通货膨胀。
(2) 现金流量的构成
①原始投资；
②经营现金流量；
③期末回收现金流量。

第二节　估值模型

一、股票

(一) 股票

1. 定义

股票是股份证书的简称，是股份公司为筹集资金而发行给股东作为持股凭证并借以取得股息和红利的一种有价证券。每股股票都代表股东对企业拥有一个基本单位的所有权。这种所有权是一种综合权利，如参加股东大会、投票表决、参与公司的重大决策、收取股息或分享红利等。同一类别的每一份股票所代表的公司所有权是相等的。每个股东所拥有的公司所有权份额的大小，取决于其持有的股票数量占公司总股本的比重。股票是股份公司资本的构成部分，可以转让、买卖或作价抵押，是资本市场的主要长期信用工具，但不能要求公司返还其出资。股东与公司之间的关系不是债权债务关系。股东是公司的所有者，以其出资份额为限对公司负有限责任，承担风险，分享收益。

股票是社会化大生产的产物，已有近400年的历史。作为人类文明的成果，股份制和股票也适用于我国社会主义市场经济。企业可以通过向社会公开发行股票筹集资金用于生产经营。国家可以通过控制多数股权的方式，用同样的资金控制更多的资源。目前在上海、深圳证券交易所上市的公司，绝大部分是国家控股公司。

2. 性质

(1) 股票是一种有价证券；
(2) 股票是一种要式证券；
(3) 股票是一种证权证券；
(4) 股票是一种资本证券；
(5) 股票是一种综合权利证券。

3. 作用

（1）股票是一种出资证明，当一个自然人或法人向股份有限公司参股投资时，便可获得股票作为出资的凭证。

（2）股票的持有者凭借股票来证明自己的股东身份，参加股份公司的股东大会，对股份公司的经营发表意见。

（3）股票持有者凭借股票参与股份发行企业的利润分配，也就是通常所说的分红，以此获得一定的经济利益。

4. 股票和债券的区别

股票和债券虽然都是有价证券，都可以作为筹资的手段和投资工具，但两者却有明显的区别。

（1）发行主体不同

作为筹资手段，无论是国家、地方公共团体还是企业，都可以发行债券，而股票则只能是股份制企业才可以发行。

（2）收益稳定性不同

从收益方面看，债券在购买之前，利率已定，到期就可以获得固定利息，而不管发行债券的公司经营获利与否。股票一般在购买之前不定股息率，股息收入随股份公司的盈利情况变动而变动，盈利多就多得，盈利少就少得，无盈利不得。

（3）保本能力不同

从本金方面看，债券到期可回收本金，也就是说连本带利都能得到，如同放债一样。股票则无到期之说。股票本金一旦交给公司，就不能再收回，只要公司存在，就永远归公司支配。公司一旦破产，还要看公司剩余资产清盘状况，那时甚至连本金都会蚀尽，小股东特别有此可能。

（4）经济利益关系不同

上述本利情况表明，债券和股票实质上是两种性质不同的有价证券。二者反映着不同的经济利益关系。债券所表示的只是对公司的一种债权，而股票所表示的则是对公司的所有权。权属关系不同，就决定了债券持有者无权过问公司的经营管理，而股票持有者，则有权直接或间接地参与公司的经营管理。

（5）风险性不同

债券只是一般的投资对象，其交易转让的周转率比股票较低；股票不仅是投资对象，更是金融市场上的主要投资对象，其交易转让的周转率高，市场价格变动幅度大，可以暴涨暴跌，安全性低，风险大，却又能获得很高的预期收入，因而能够吸引不少人投进股票交易中来。

另外，在公司缴纳所得税时，公司债券的利息已作为费用从收益中减除，在所得税前列支。而公司股票的股息属于净收益的分配，不属于费用，在所得税后列支。这一点对公司的筹资决策影响较大，在决定要发行股票或债券时，常以此作为选择的决定性因素。

5. 股票的分类

股票种类很多，可谓五花八门、形形色色。这些股票名称不同，形成和权益各异。股票的分类方法因此也是多种多样的。

（1）按股东权利分类，股票可分为普通股、优先股和后配股。

（2）根据上市地区进行分类，例如，我国上市公司的股票有A股、B股、H股、N股和S股等的区分。这一区分主要依据股票的上市地点和所面对的投资者而定。

（3）根据业绩可以分为：ST股、垃圾股、绩优股、蓝筹股。

①记名股票和无记名股票。这主要是根据股票是否记载股东姓名来划分的。记名股票，是在股票上记载股东的姓名，如果转让必须经公司办理过户手续；无记名股票，是在股票上不记载股东的姓名，如果转让，通过交付而生效。

②有票面值股票和无票面值股票。这主要是根据股票是否记明每股金额来划分的。有票面值股票，是在股票上记载每股的金额；无票面值股票，只是记明股票和公司资本总额，或每股占公司资本总额的比例。

③单一股票和复数股票。这主要是根据股票上表示的份数来划分的。单一股票是指每张股票表示一股，复数股票是指每张股票表示数股。

④普通股票和特别股票。这主要是根据股票所代表的权利大小来划分的。普通股票的股息随公司利润大小而增减；特别股票一般按规定利率优先取得固定股息，但其股东的表决权有所限制。

⑤表决权股票和无表决权股票。这主要是根据股票持有者有无表决权来划分的。普通股票持有者都有表决权，而那些在某些方面享有特别利益的优先股票持有者在表决权上常受到限制；无表决权的股东，不能参与公司决策。

6. 基本特征

（1）不可偿还性

股票是一种无偿还期限的有价证券，投资者认购了股票后，就不能再要求退股，只能到二级市场卖给第三者。股票的转让只意味着公司股东的改变，并不减少公司资本。从期限上看，只要公司存在，它所发行的股票就存在，股票的期限等于公司存续的期限。

（2）参与性

股东有权出席股东大会、选举公司董事会、参与公司重大决策。股票持有者的投资意志和享有的经济利益，通常是通过行使股东参与权来实现的。股东参与公司决策的权利大小，取决于其所持有的股份的多少。从实践来看，只要股东持有的股票数量达到左右决策结果所需的实际多数时，就能掌握公司的决策控制权。

（3）收益性

股东凭其持有的股票，有权从公司领取股息或红利，获取投资的收益。股息或红利的大小，主要取决于公司的盈利水平和公司的盈利分配政策。

股票的收益性，还表现在股票投资者可以获得价差收入或实现资产保值增值。通过低价买入和高价卖出股票，投资者可以赚取价差利润。以美国可口可乐公司股票为例。如果在 1983 年底投资 1000 美元买入该公司股票，到 1994 年 7 月便能以 11554 美元的市场价格卖出，赚取 10 倍多的利润。在通货膨胀时，股票价格会随着公司原有资产重置价格上升而上涨，从而避免了资产贬值。股票通常被视为在高通货膨胀期间可优先选择的投资对象。

（4）流通性

股票的流通性是指股票在不同投资者之间的可交易性。流通性通常以可流通的股票数量、股票成交量以及股价对交易量的敏感程度来衡量。可流通股数越多，成交量越大，价格对成交量越不敏感（价格不会随着成交量一同变化），股票的流通性就越好，反之就越差。股票的流通，使投资者可以在市场上卖出所持有的股票，取得现金。通过股票的流通和股价的变动，可以看出人们对于相关行业和上市公司的发展前景和盈利潜力的判断。

那些在流通市场上吸引大量投资者、股价不断上涨的行业和公司，可以通过增发股票，不断吸收大量资本进入生产经营活动，收到了优化资源配置的效果。

（5）价格波动性和风险性

股票在交易市场上作为交易对象，同商品一样，有自己的市场行情和市场价格。由于股票价格要受到诸如公司经营状况、供求关系、银行利率、大众心理等多种因素的影响，其波动有很大的不确定性。正是这种不确定性，有可能使股票投资者遭受损失。价格波动的不确定性越大，投资风险也越大。因此，股票是一种高风险的金融产品。例如，称雄于世界计算机产业的国际商用机器公司（IBM），当其业绩不凡时，每股股票价格曾高达 170 美元，但在其地位遭到挑战，出现经营失策而招致亏损时，股价又下跌到 40 美元。如果不合时机地在高价位买进该股，必定导致损失严重。

由上分析可以看出股票的特性：第一，股票具有不可返递性。股票一经售出，不可再退回公司，不能再要求退还股金。第二，股票具有风险性。投资于股票能否获得预期收入，要看公司的经营情况和股票交易市场上的行情，而这都不是确定的，变化极大，必须准备承担风险。第三，股票市场价格即股市具有波动性。影响股市波动的因素多种多样，有公司内的，也有公司外的；有经营性的，也有非经营性的；有经济的，也有政治的；有国内的，也有国际的；等等。这些因素变化频繁，引起股市不断波动。第四，股票具有极大的投机性。股票的风险性越大，市场价格越波动，就越有利于投机。投机有破坏性，但也加快了资本流动，加速了资本集中，有利于产业结构的调整，增加了社会总供给，对经济发展有着重要的积极意义。

二、债券

（一）债券定义

债券（Notes）是政府、金融机构、工商企业等机构直接向社会借债筹措资金时，向投资者发行，承诺按一定利率支付利息并按约定条件偿还本金的债权债务凭证。债券的本质是债的证明书，具有法律效力。债券购买者与发行者之间是一种债权债务关系，债券发行人即债务人（Debtors），投资者（或债券持有人）即债权人（Creditors）。最常见的债券为定息债券、浮息债券以及零息债券。

与银行信贷不同的是，债券是一种直接债务关系。银行信贷通过存款人—银行、银行—贷款人形成间接的债务关系。债券不论何种形式，大都可以在市场上进行买卖，并因此形成了债券市场。

（二）债券的基本要素

债券虽有不同种类，但基本要素却是相同的，主要包括债券面值、债券价格、债券还本期限与方式和债券利率四个要素。

1. 债券面值

债券面值包括两个基本内容：一是币种，二是票面金额。面值的币种可用本国货币，也可用外币，这取决于发行者的需要和债券的种类。债券的发行者可根据资金市场情况和自己的需要选择适合的币种。债券的票面金额是债券到期时偿还债务的金额。不同债券的票面金额大小相差十分悬殊，但现在考虑到买卖和投资的方便，多趋向于发行小面额债券。面额印在债券上，固定不变，到期必须足额偿还。

2. 债券价格

债券价格是指债券发行时的价格。从理论上讲，债券的面值就是它的价格。但实际上，由于发行者的种种考虑或资金市场上供求关系、利息率的变化，债券的市场价格常常脱离它的面值，有时高于面值，有时低于面值。也就是说，债券的面值是固定的，但它的价格却是经常变化的。发行者计息还本，是以债券的面值为依据，而不是以其价格为依据的。

3. 债券利率

债券利率是债券利息与债券面值的比率。债券利率分为固定利率和浮动利率两种。债券利率一般为年利率，面值与利率相乘可得出年利息。债券利率直接关系到债券的收益。影响债券利率的因素主要有银行利率水平、发行者的资信状况、债券的偿还期限和资金市场的供求情况等。

4. 债券还本期限与方式

债券还本期限是指从债券发行到归还本金之间的时间。债券还本期限长短不一，有的只有几个月，有的长达十几年。还本期限应在债券票面上注明。债券发行者必须在债券到期日偿还本金。债券还本期限的长短，主要取决于发行者对资金需求的时限、未来市场利率的变化趋势和证券交易市场的发达程度等因素。债券还本方式是指一次还本还是分期还本等，还本方式也应在债券票面上注明。

债券除了具备上述四个基本要素之外，还应包括发行单位的名称和地址、发行日期和编号、发行单位印记及法人代表的签章、审批机关批准发行的文号和日期、是否记名、记名债券的挂失办法和受理机构、是否可转让以及发行者认为应说明的其他事项。

（三）债券基本性质

1. 债券属于有价证券。
2. 债券是一种虚拟资本。
3. 债券是债权的表现。

（四）债券的特征

债券体现的是债券持有人与债券发行者之间的债权债务关系，具有以下特征：

1. 期限性

债券是一种有约定期限的有价证券。债券代表了债权债务关系，要有确定的还本付息日。当债券到期时，债务人就要偿还本金。

2. 流动性

流动性是指债券可以在证券市场上转让流通。债券具有流动性，持券人需要现金时可以在证券市场上随时卖出或者到银行以债券作为抵押品取得抵押借款。债券的流动性一般仅次于储蓄存款。

3. 收益性

收益性是指债券持有人可以定期从债券发行者那里获得固定的债券利息。债券的利率通常高于存款利率。债券的收益率并不完全等同于债券的票面利率，而主要取决于债券的买卖价格。

4. 安全性

债券的安全性，表现在债券持有人到期能无条件地收回本金。各种债券在发行时都要规定一定的归还条件，只有满足一定的归还条件才会有人购买。为了保护投资者的利益，债券的发行者都要经过严格审查，只有信誉较高的筹资人才被批准发行债券，而且公司发行债券大多需要担保。当发行公司破产或清算时，要优先偿还债券持有者的债券。因此，债券的安全性还是有保障的，比其他的证券投资风险要小得多。

5. 自主性

债券具有自主性，企业通过发行债券筹集到的资金是向社会公众的借款，债券的持有者只对发行企业拥有债权，而不能像股票那样参与公司的经营管理。另外，企业通过发行债券而筹集的资金，可以根据其自身生产经营的需要自由运用，不像银行借款那样有规定用途，其资金的使用情况要接受银行监督。

（五）债券的种类

按债券不同特性划分，可以有不同的分类。

1. 按发行主体分

（1）政府债券

政府债券是政府为筹集资金而发行的债券。主要包括国债、地方政府债券等，其中最主要的是国债。国债因其信誉好、利率优、风险小而又被称为"金边债券"。

（2）金融债券

金融债券是由银行和非银行金融机构发行的债券。在我国目前金融债券主要由国家开发银行、进出口银行等政策性银行发行。

（3）公司（企业）债券

公司（企业）债券是企业依照法定程序发行，约定在一定期限内还本付息的债券。公司债券的发行主体是股份公司，但也可以是非股份公司的企业发行债券，所以，一般归类时，公司债券和企业发行的债券合在一起，可直接成为公司（企业）债券。

2. 按付息方式分

（1）贴现债券

贴现债券是指债券券面上不附有息票，发行时按规定的折扣率，以低于债券面值的价格发行，到期按面值支付本息的债券。贴现债券的发行价格与其面值的差额即为债券的利息。

（2）零息债券

零息债券是指债券到期时和本金一起一次性付息，利随本清，也可称为到期付息债券。付息特点：一是利息一次性支付；二是债券到期时支付。

（3）附息债券

附息债券是指债券券面上附有息票的债券，是按照债券票面载明的利率及支付方式支付利息的债券。息票上标有利息额、支付利息的期限和债券号码等内容。持有人可从债券上剪下息票，并据此领取利息。附息国债的利息支付方式一般是在偿还期内按期付息，如每半年或一年付息一次。

（4）固定利率债券

固定利率债券就是在偿还期内利率固定的债券。

（5）浮动利率债券

浮动利率债券是指利率可以变动的债券。这种债券的利率确定与市场利率挂钩，一般高于市场利率的一定百分点。

3. 按计息方式分

（1）单利债券

单利债券是指在计息时，不论期限长短，仅按本金计息，所生利息不再加入本金计算下期利息的债券。

（2）复利债券

复利债券与单利债券相对应，是指计算利息时，按一定期限将所生利息加入本金再计算利息，逐期滚算的债券。

（3）累进利率债券

累进利率债券是指年利率以利率逐年累进方法计息的债券。累进利率债券的利率随着时间的推移，后期利率比前期利率更高，呈累进状态。

4. 按利率确定方式分

（1）固定利率债券

固定利率债券是指在发行时规定利率在整个偿还期内不变的债券。

（2）浮动利率债券

浮动利率债券是与固定利率债券相对应的一种债券，它是指发行时规定债券利率随市场利率定期浮动的债券，其利率通常根据市场基准利率加上一定的利差来确定。浮动利率债券往往是中长期债券。由于利率可以随市场利率浮动，采取浮动利率债券形式可以有效地规避利率风险。

5. 按偿还期限分

（1）长期债券

长期债券一般说来，偿还期限在 10 年以上的为长期债券。

（2）中期债券

中期债券，期限在 1 年或 1 年以上、10 年以下（包括 10 年）的为中期债券。

(3) 短期债券

短期债券，偿还期限在 1 年以下的为短期债券。

我国企业债券的期限划分与上述标准有所不同。我国短期企业债券的偿还期限在 1 年以内；偿还期限在 1 年以上 5 年以下的为中期企业债券；偿还期限在 5 年以上的为长期企业债券。

6. 按债券形态分

(1) 实物债券（无记名债券）

实物债券是以实物债券的形式记录债权，券面标有发行年度和不同金额，可上市流通。实物债券由于其发行成本较高，将会被逐步取消。

(2) 凭证式债券

凭证式债券是一种储蓄债券，通过银行发行，采用"凭证式国债收款凭证"的形式，从购买之日起计息，但不能上市流通。

(3) 记账式债券

记账式债券是指没有实物形态的票券，以记账方式记录债权，通过证券交易所的交易系统发行和交易。由于记账式国债发行和交易均无纸化，所以交易效率高，成本低，是未来债券发展的趋势。

7. 按募集方式分

(1) 公募债券

公募债券是指按法定手续，经证券主管机构批准在市场上公开发行的债券。这种债券的认购者可以是社会上的任何人，发行者一般有较高的信誉。除政府机构、地方公共团体外，一般企业必须符合规定的条件才能发行公募债券，并且要求发行者必须遵守信息公开制度，向证券主管部门提交有价证券申报书，以保护投资者的利益。

(2) 私募债券

私募债券是指以特定的少数投资者为对象发行的债券，发行手续简单，一般不能公开上市交易。

8. 按担保性质分

(1) 有担保债券

有担保债券（Mortgage Bonds），是指以特殊财产作为担保品而发行的债券。以不动产如房屋等作为担保品的，称为不动产抵押债券；以动产如适销商品等作为担保品的，称为动产抵押债券；以有价证券如股票及其他债券作为担保品的，称为证券信托债券。一旦债券发行人违约，信托人就可将担保品变卖处置，以保证债权人的优先求偿权。

(2) 无担保债券

无担保债券（Debenture Bonds）亦称信用债券，是指不提供任何形式的担保，仅凭筹资人信用发行的债券。政府债券属于此类债券。这种债券由于其发行人的绝对信用而具有坚实的可靠性。除此之外，一些公司也可发行这种债券，即信用公司债。与有担保债券相比，无担保债券的持有人承担的风险较大，因而往往要求较高的利率。但为了保护投资人的利益，发行这种债券的公司往往受到种种限制，只有那些信誉卓著的大公司才有资格发行。

(3) 质押债券

质押债券是指以其有价证券作为担保品所发行的债券。我国的质押债券是指已由政府、中央银行、政策性银行等部门和单位发行，在中央国债登记结算有限责任公司托管的政府债券、中央银行债券、政策性金融债券，以及经人民银行认可、可用于质押的其他有价证券。

9. 按利息支付方式分

(1) 定息债券是指在发行时规定利率在整个偿还期内不变的债券。

(2) 浮息债券是指发行时规定债券利率随市场利率定期浮动的债券，也就是说，债券利率在偿还期内可以进行变动和调整。

(3) 零息债券是指采用折价的形式发行，到期时发行者以平价买回的债券。

10. 根据债券的可流通与否分

(1) 可流通债券（上市债券）。

(2) 不可流通债券（非上市债券）。

(3) 特殊类型债券。

(4) 可转换公司债券。

债券的划分方法很多，一张债券可以归于许多种类。例如，国债 998，它可归于国债，它还是附息债券、长期债券、上市债券，它还可以归于无担保券和公募债券。其他的债券也是如此。

(六) 债券的衍生品种

1. 发行人选择权债券

发行人选择权债券，是指发行人有权利在计划赎回日按照面值赎回该类品种，因此该类债券的实际存续期存在不确定性。

2. 投资人选择权债券

投资人选择权债券，是指投资人有权利在计划回售日按照面值将该类品种卖还给发行主体。从实际操作角度来看，投资人卖还与否依然是借助于远期利率与票息的高低比较来判断。

3. 本息拆离债券

从严格意义上来说，本息拆离债券属一级发行市场的概念范畴，进入流通市场后，为零息债券。

4. 可调换债券

可调换债券是指一种可按确定价格将债券持有者的约定买卖权转换为其他类型证券的债券，通常为普通股可调换债券。在与低息票利率的股票交换过程中，可调换债券的持有者将可能会获得资本收益。

可调换债券类似于附加发行认股权证书的债券。认股权证书表明持有者能够按照法定价格购买股票，因此，如果股票价格上涨，认股权证书的持有者就会获得资本利息。可调换债券比不可转让债券的票面利率低，但它可能给持有者带来更多的资本收益。

第三节 公司案例

案例一：新都酒店（000033）

一、公司简介

深圳新都酒店股份有限公司（以下简称"该公司"），系由（香港）建辉投资有限公司等五家公司发起，在深圳新都酒店有限公司基础上重组而设立。1994年1月3日，该公司发行的A股在中国深圳证券交易所上市。

该公司财务数据的特点：收入趋势（最新发布于 2009-09-30），新都酒店2009年第三季度实现主营业务收入0.44亿元，比上年同期下降12.93%；盈利趋势（最新发布于2009-09-30），新都酒店2009年实现净利润-0.11亿元（基本每股收益-0.0348元），比上年同期下降453.94%。

二、财务分析

（一）规模增长指标

新都酒店过去三年平均销售增长率为-4.90%，在所有上市公司排名为1516/1710；在其所在的酒店、度假村与豪华游轮行业排名为22/24。外延式增长较差。

（二）EPS成长性

新都酒店过去EPS增长率为-1329.55%，在所有上市公司排名为1669/1710；在其所在的酒店、度假村与豪华游轮行业排名为24/24。公司成长性较差。

（三）盈利能力指标

新都酒店过去三年平均盈利能力增长率为-2349.33%，在所有上市公司排名为 1665/1710；在其所在的酒店、度假村与豪华游轮行业排名为 24/24。盈利能力较差。

（四）EPS 稳定性

新都酒店过去 EPS 稳定性在所有上市公司排名为 1361/1710；在其所在的酒店、度假村与豪华游轮行业排名为 20/24。公司经营稳定较差。

三、新都酒店投资事项

2009 年 3 月 26 日，新都酒店与长沙当地企业湖南大金实业有限公司将共同出资设立湖南新都东方酒店有限公司，该公司成立后将收购长沙通华企业有限公司建设的位于长沙市区四方新城的一座酒店，酒店建筑面积约 2.5 万平方米，拟定客房量 384 间套，目前建筑主体已经封顶。

项目总投资 1.6 亿元，股东投资部分为 8000 万元，另一部分将由新成立的湖南新都东方酒店有限公司向长沙市商业银行申请按揭贷款解决。本次投资不构成关联交易。公司出资 4080 万元，占 51%的股权；湖南大金实业投资有限公司出资 3920 万元，占 49%的股权。该项投资经 2009 年 3 月 22 日公司 2009 年第二次董事会会议审议通过，鉴于本次对外投资已经超过股东大会对董事会的授权，董事会将此议案提交股东大会进行审议。

四、可能的风险

（一）对外投资对上市公司的影响

1. 本次投资湖南新都东方酒店有限公司所需资金由公司自筹，不足部分将通过银行贷款解决。

2. 湖南新都东方酒店有限公司主要业务为酒店管理和经营，该公司成立后将收购长沙的酒店，该酒店物业目前已经封顶，经过一段时间装修和开业筹备后即可对外营业。本次投资符合公司的发展战略，有利于拓展新的利润增长点。

3. 本次投资行为完成后不涉及新增关联交易，也不涉及新增同业竞争。

（二）对外投资的风险分析

1. 投资标的主要是对位于长沙的项目酒店进行收购和后续经营，后续的经营管理必须适应当地的市场情况，公司内部控制仍需加强。

2. 针对上述风险，本公司将密切关注湖南新都东方酒店有限公司的经营管理状况，及时控制风险。

（三）独立董事关于公司对外投资事项的独立意见

1. 根据公司《投资管理制度》，公司专门组织人力对拟投资项目的市场环境进行了细致的前期调查，并聘请了专业的酒店业管理咨询公司出具《可行性研究报告》，审慎分析了该项目的市场定位、功能设计和财务预测，符合公司章程的相关规定，程序合法合规。鉴于该笔对外投资已经超过了本公司净资产的10%，应提交股东大会审议。

2. 公司将使用部分信贷资金和自有资金进行本次对外投资，相关各出资人出资合法，交易公平合理；本次投资符合公司主业发展的方向，将在一定程度上改善公司的收入结构，开辟新的利润增长点，符合公司战略投资规划及长远利益。不存在损害本公司及股东特别是中小股东利益的情况。

五、财务计算

（一）关键数据

原始投资=I_0=4 080 万元（1.6 亿元，公司占 51%）

年现金流量=2010 年的营业收入=71 499 913.27 元

年平均税后利润=年均净利润=2010 年的行业净利率×51%=13.44%×51%
=6.8544%

2011 年的行业净利率×51%=9.89%×51%=5.0439%

营业利润=−8 453 427.41 元

NCF（现金流）=2010 年净利润=4 169 940.80 元

2011 年净利润=2 815 723.65 元

I=2010 年银行利率+2010 年通货膨胀率=2.50%+3.3%

2011 年银行利率+2011 年通货膨胀率=3.50%+4.9%

（二）计算

1. 投资回收期=原始投资总额/年现金净流量
=40 800 000÷71 499 913.27=0.067

2. ARR=（营业利润/年平均投资额）×100%
=(−8 453 427.41÷40 800 000)×100%=−0.207 2=−20.72%

3. AAR=（年均净利润/原始投资额）×100%
=(4 169 940.80÷40 800 000)×100%=10.22%

4. 净现值法

$$NPV = \sum_{t=1}^{n} \frac{NCF_t}{(1+i)^t} - I_0$$

=4 169 940.80÷(1+2.50%+3.3%)+2 815 723.65÷(1+3.50%+4.9%)2
−40 800 000

=3 941 342.91+2 396 246.35−40 800 000

=−34 462 530.74

六、案例分析

本案例根据新都酒店披露 2009 年的一个投资项目，使用前面学习的投资理论进行了重新评估。首先，我们使用了投资回收期法对项目进行了投资回报分析。所有的财务数据均来自新都酒店 2009 年与 2010 年的年报数据。我们用投资总额与公司年现金流量的增量获得投资回收期为 0.06 年即 21 天左右。因此这个项目从这个指标看，几乎是不可能的项目。其次，我们计算了会计平均利润率和会计回报率计算项目的投资。会计回报率中的平均利润虽然采用了公司的利润率，但是也可以从广义上了解会计回报率状况。会计回报率明显为负值，如果可以获得准确的会计回报率，这个数值会更小。因此，就此项指标看，该项目不是一个成功项目。最后，我们使用了净现金流法来计算项目的净现值，净现值的结果也印证了前面的结论。此项目，从披露的信息看似乎不是一个成功项目。我们的具体数据的获得参见案例附表中数据，这些数据都来自对新都酒店的财务分析。本案例分析的结果仅作为学术教学之用，所有的数据都来自公开的年报数据。

七、案例附表

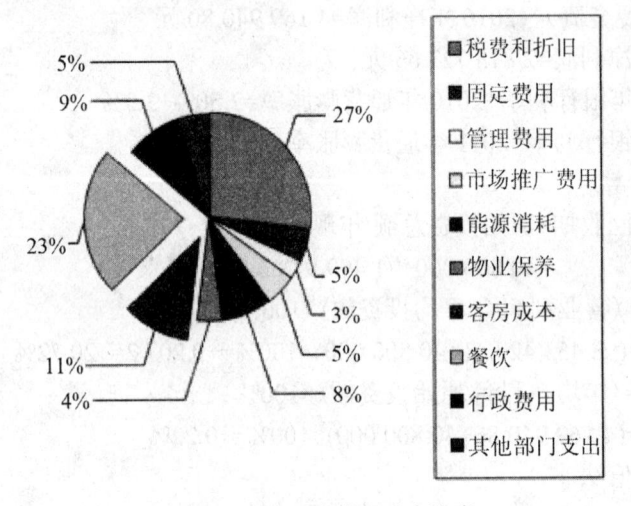

图 2-1　酒店日常营运成本构成

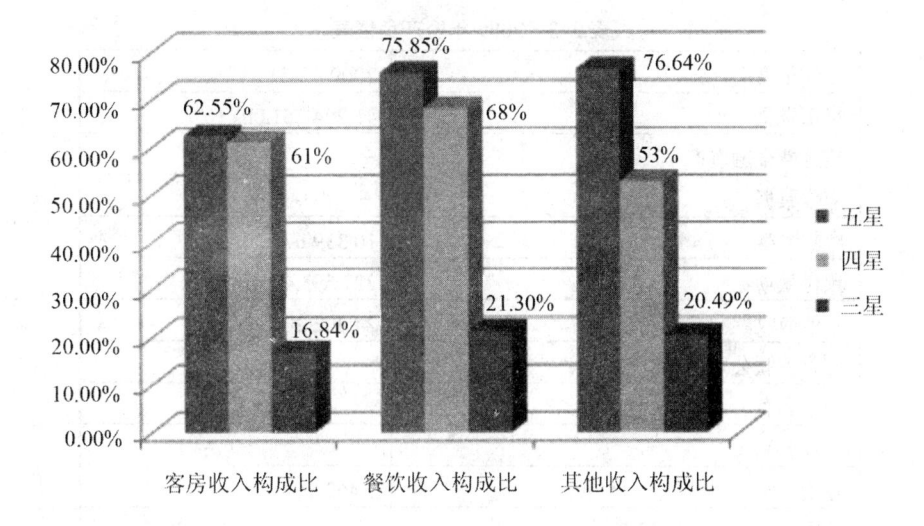

```
              75.85%              76.64%
80.00%
70.00%  62.55%                68%
60.00%          61%
50.00%                                        ■ 五星
40.00%                                        ■ 四星
30.00%                    21.30%    20.49%    ■ 三星
20.00%       16.84%
10.00%
 0.00%
        客房收入构成比  餐饮收入构成比  其他收入构成比
```

图 2-2　不同星级饭店收入构成比较

表 2-1　我国五星级酒店收入分布

	营业收入				总计
	客房	餐饮	商品	其他	
五星	47.99%	33.99%	3.75%	14.27%	100%
四星	43.64%	34.34%	10.74%	11.28%	100%
三星	45.14%	39.82%	3.48%	11.56%	100%
二星	45.14%	41.47%	3.97%	9.42%	100%
一星	47.07%	40.28%	4.35%	8.30%	100%

表 2-2　新都酒店 2010 年收入分布

会计年度：2010-12-31

项目名称	主营业务收入	主营业务成本	主营业务毛利	毛利率
客房收入	38 700 000.00	21 010 000.00	—	—
租赁收入	17 340 000.00	7 440 000.00	—	—
餐饮收入	7 400 000.00	6 130 000.00	—	—
食品销售收入	1 010 000.00	510 000.00	—	—
其他收入	7 050 000.00	—	—	—

表 2-3 2009 年资产负债表

会计年度	2009-12-31
货币资金	41 204 761.00
交易性金融资产	—
应收票据	—
应收账款	10 339 679.95
预付款项	227 593.40
其他应收款	24 402 205.73
应收关联公司款	—
应收利息	—
应收股利	—
存货	1 462 364.37
其中：消耗性生物资产	—
一年内到期的非流动资产	—
其他流动资产	9 540 382.90
流动资产合计	87 176 987.35
可供出售金融资产	—
持有至到期投资	—
长期应收款	—
长期股权投资	—
投资性房地产	93 189 953.26
固定资产	316 038 189.66
在建工程	—
工程物资	—
固定资产清理	—
生产性生物资产	—
油气资产	—
无形资产	207 990.75
开发支出	—
商誉	—
长期待摊费用	335 406.38
递延所得税资产	2 316 035.17
其他非流动资产	—
非流动资产合计	412 087 575.22

续表

会计年度	2009-12-31
资产总计	499 264 562.57
短期借款	—
交易性金融负债	—
应付票据	—
应付账款	3 512 994.53
预收款项	491 824.81
应付职工薪酬	1 546 776.87
应交税费	1 486 247.72
应付利息	2 535 560.98
应付股利	—
其他应付款	39 429 306.12
应付关联公司款	—
一年内到期的非流动负债	8 000 000.00
其他流动负债	—
流动负债合计	57 002 711.03
长期借款	146 000 000.00
应付债券	
长期应付款	—
专项应付款	—
预计负债	9 384 535.24
递延所得税负债	—
其他非流动负债	
非流动负债合计	155 384 535.24
负债合计	212 387 246.27
实收资本（或股本）	329 402 050.00
资本公积	100 317 985.98
盈余公积	9 816 549.88
减：库存股	—
未分配利润	-152 659 269.56
少数股东权益	
外币报表折算价差	—
非正常经营项目收益调整	—

续表

会计年度	2009-12-31
归属母公司所有者权益（或股东权益）	286 877 316.30
所有者权益（或股东权益）合计	286 877 316.30
负债和所有者（或股东权益）合计	499 264 562.57
备注	2011-04-29：披露更正公告。

表 2-4　2009 年利润表

会计年度	2009-12-31
一、营业收入	61 957 220.59
减：营业成本	34 998 698.15
营业税金及附加	2 881 199.78
销售费用	2 987 528.87
管理费用	26 779 773.37
勘探费用	—
财务费用	9 938 605.09
资产减值损失	8 345 556.27
加：公允价值变动净收益	—
投资收益	−510 166.38
其中:对联营企业和合营企业的投资收益	—
影响营业利润的其他科目	—
二、营业利润	−24 484 307.32
加：补贴收入	—
营业外收入	448 995.80
减：营业外支出	6 249.03
其中：非流动资产处置净损失	4 753.93
加：影响利润总额的其他科目	—
三、利润总额	−24 041 560.55
减：所得税	−1 879 659.90
加：影响净利润的其他科目	—
四、净利润	−22 161 900.65
归属于母公司所有者的净利润	−22 161 900.65
少数股东损益	—

续表

会计年度	2009-12-31
五、每股收益	—
（一）基本每股收益	-0.07
（二）稀释每股收益	-0.07
备注	2011-04-29：披露更正公告。

表 2-5　2009 年现金流量表

报告年度	2009-12-31
一、经营活动产生的现金流量	
销售商品、提供劳务收到的现金	64 877 939.25
收到的税费返还	—
收到其他与经营活动有关的现金	753 930.50
经营活动现金流入小计	65 631 869.75
购买商品、接受劳务支付的现金	9 672 071.26
支付给职工以及为职工支付的现金	12 646 034.85
支付的各项税费	11 166 361.96
支付其他与经营活动有关的现金	30 981 541.68
经营活动现金流出小计	64 466 009.75
经营活动产生的现金流量净额	1 165 860.00
二、投资活动产生的现金流量	
收回投资收到的现金	—
取得投资收益收到的现金	37 553.50
处置固定资产、无形资产和其他长期资产收回的现金净额	1 600.00
处置子公司及其他营业单位收到的现金净额	—
收到其他与投资活动有关的现金	—
投资活动现金流入小计	39 153.50
购建固定资产、无形资产和其他长期资产支付的现金	2 270 801.51
投资支付的现金	5 100 000.00
取得子公司及其他营业单位支付的现金净额	—
支付其他与投资活动有关的现金	—
投资活动现金流出小计	7 370 801.51
投资活动产生的现金流量净额	-7 331 648.01

续表

报告年度	2009-12-31
三、筹资活动产生的现金流量	
吸收投资收到的现金	—
取得借款收到的现金	262 800 000.00
收到其他与筹资活动有关的现金	—
筹资活动现金流入小计	262 800 000.00
偿还债务支付的现金	211 550 000.00
分配股利、利润或偿付利息支付的现金	9 199 368.19
支付其他与筹资活动有关的现金	—
筹资活动现金流出小计	220 749 368.19
筹资活动产生的现金流量净额	42 050 631.81
四、汇率变动对现金的影响	
四(2)、其他原因对现金的影响	
五、现金及现金等价物净增加额	
期初现金及现金等价物余额	5 269 917.20
期末现金及现金等价物余额	41 154 761.00
附注:1.将净利润调节为经营活动现金流量	
净利润	−24 041 560.55
加:资产减值准备	8 345 556.27
固定资产折旧、油气资产折耗、生产性生物资产折旧	20 640 223.79
无形资产摊销	94 355.79
长期待摊费用摊销	178 407.12
处置固定资产、无形资产和其他长期资产的损失	−1 600.00
固定资产报废损失	4 753.93
公允价值变动损失	—
财务费用	9 669 368.19
投资损失	510 166.38
递延所得税资产减少	—
递延所得税负债增加	—
存货的减少	−64 516.81
经营性应收项目的减少	−16 664 764.03
经营性应付项目的增加	2 484 326.95
其他	11 142.97

续表

报告年度	2009-12-31
经营活动产生的现金流量净额 2	1 165 860.00
2. 不涉及现金收支的重大投资和筹资活动	
债务转为资本	—
一年内到期的可转换公司债券	—
融资租入固定资产	—
3. 现金及现金等价物净变动情况	
现金的期末余额	41 154 761.00
减：现金的期初余额	5 269 917.20
加：现金等价物的期末余额	—
减：现金等价物的期初余额	—
加：其他原因对现金的影响 2	—
现金及现金等价物净增加额	35 884 843.80
备注	

表 2-6　2010 年利润表

会计年度	2010-12-31
一、营业收入	71 499 913.27
减：营业成本	35 096 613.80
营业税金及附加	3 417 950.72
销售费用	3 288 523.56
管理费用	28 165 753.28
勘探费用	—
财务费用	10 074 245.82
资产减值损失	-72 741.07
加：公允价值变动净收益	—
投资收益	17 005.43
其中：对联营企业和合营企业的投资收益	—
影响营业利润的其他科目	—
二、营业利润	-8 453 427.41
加：补贴收入	—
营业外收入	12 431 148.08
减：营业外支出	870.66

续表

会计年度	2010-12-31
其中：非流动资产处置净损失	629.66
加：影响利润总额的其他科目	—
三、利润总额	3 976 850.01
减：所得税	−193 090.79
加：影响净利润的其他科目	—
四、净利润	4 169 940.80
归属于母公司所有者的净利润	4 169 940.80
少数股东损益	—
五、每股收益	—
（一）基本每股收益	0.01
（二）稀释每股收益	0.01
备注	

表 2-7　2011 年利润表

会计年度	2011-12-31
一、营业收入	72 479 993.68
减：营业成本	40 625 887.89
营业税金及附加	4 756 407.44
销售费用	3 580 915.18
管理费用	22 618 784.63
勘探费用	—
财务费用	12 817 534.06
资产减值损失	263 195.70
加：公允价值变动净收益	—
投资收益	14 178 801.30
其中：对联营企业和合营企业的投资收益	—
影响营业利润的其他科目	—
二、营业利润	1 996 070.08
加：补贴收入	—
营业外收入	758 783.18
减：营业外支出	109 475.46
其中：非流动资产处置净损失	78 061.26

续表

会计年度	2011-12-31
加：影响利润总额的其他科目	—
三、利润总额	2 645 377.80
减：所得税	−170 345.85
加：影响净利润的其他科目	—
四、净利润	2 815 723.65
归属于母公司所有者的净利润	2 815 723.65
少数股东损益	—
五、每股收益	
（一）基本每股收益	0.01
（二）稀释每股收益	0.01
备注	

表 2-8　2010 年行业净利率

报告期	2010-12-31			2010-09-30			2010-06-30			2010-03-31		
盈利指标	公司	沪深300	行业	公司	沪深300	行业	公司	沪深300	行业	公司	沪深300	行业
毛利率	42.82%	30.47%	51.29%	46.9%	30.92%	52.72%	46.98%	31.07%	51.38%	46.32%	31.31%	45.76%
营业利润率	−11.82%	19.18%	13.25%	−22.96%	20.16%	13.92%	−22.54%	20.14%	9.9%	23.47%	20.41%	9.76%
净利率	5.83%	16.43%	13.44%	−22.95%	16.94%	12.38%	−22.54%	16.95%	10.54%	23.47%	17.04%	9.12%

表 2-9　2011 年行业净利率

报告期	2011-12-31			2011-09-30			2011-06-30			2011-03-31		
盈利指标	公司	沪深300	行业	公司	沪深300	行业	公司	沪深300	行业	公司	沪深300	行业
毛利率	43.95%	28.99%	51.3%	40.26%	29.98%	52.18%	39.46%	30.46%	51.35%	38.84%	30.53%	45.02%
营业利润率	2.75%	18.38%	12.59%	−9.69%	20.54%	14.02%	−12.15%	20.73%	12.54%	−20.62%	20.93%	1.87%
净利率	3.88%	15.58%	9.89%	−8.84%	17.09%	11.12%	−12.15%	17.39%	9.91%	−20.62%	17.27%	0.64%

表 2-10 2010 年银行利率

	调整前利率	调整后利率
一、城乡居民和单位存款		
（一）活期存款	0.36	0.36
（二）整存整取定期存款		
三个月	1.71	1.91
半年	1.98	2.20
一年	2.25	2.50
二年	2.79	3.25
三年	3.33	3.85
五年	3.60	4.20
二、各项贷款		
六个月	4.86	5.10
一年	5.31	5.56
一至三年	5.40	5.60
三至五年	5.76	5.96
五年以上	5.91	6.14

表 2-11 2011 年银行人民币存款利率表（2011 年 7 月 7 日实行）

项目	年利率%
一、城乡居民及单位存款	
（一）活期	0.50
（二）定期	
1. 整存整取	
三个月	3.10
半年	3.30
一年	3.50
二年	4.40
三年	5.00
五年	5.50
2. 零存整取、整存零取、存本取息	
一年	3.10
三年	3.30

续表

项目	年利率%
五年	3.50
3. 定活两便	按一年以内定期整存整取同档次利率打6折
二、协定存款	1.31
三、通知存款	
一天	0.95
七天	1.49

表 2-12　2009 年国债利率列表

2009年（凭证式）一期 03/16-03/25	3年	不满半年不计付利息，满半年不满一年的按年利率 0.36% 计付利息，满一年不满二年的按年利率 1.71%计付利息，满二年不满三年的按年利率 2.52%计付利息	3.73%	03/16-03/25	2012年03/16-03/25对月对日，提前兑取按兑取本金数额的1‰收取手续费	-
2009年（凭证式）一期 03/16-03/25	5年	不满半年不计付利息，满半年不满一年的按年利率 0.36% 计付利息，满一年不满二年的按年利率 1.71%计付利息，满二年不满三年的按年利率 2.52%计付利息，满三年不满四年按年利率 3.69% 计付利息，满四年不满五年的按年利率 3.87%计付利息	4.00%	03/16-03/25	2014年03/16-03/25对月对日，提前兑取按兑取本金数额的1‰收取手续费	-
2009年（凭证式）二期 05/11-05/25	3年	不满半年不计付利息，满半年不满一年的按年利率 0.36% 计付利息，满一年不满二年的按年利率 1.71%计付利息，满二年不满三年的按年利率 2.52%计付利息	3.73%	05/11-05/25	2012年05/11-05/25对月对日，提前兑取按兑取本金数额的1‰收取手续费	-
2009年（凭证式）二期 05/11-05/25	5年	不满半年不计付利息，满半年不满一年的按年利率 0.36% 计付利息，满一年不满二年的按年利率 1.71%计付利息，满二年不满三年的按年利率 2.52%计付利息，满三年不满四年按年利率 3.69% 计付利息，满四年不满五年的按年利率 3.87%计付利息	4.00%	05/11-05/25	2012年05/11-05/25对月对日，提前兑取按兑取本金数额的1‰收取手续费	-
2009年（凭证式）三期 06/15-06/30	3年	不满半年不计付利息，满半年不满一年的按年利率 0.36% 计付利息，满一年不满二年的按年利率 1.71%计付利息，满二年不满三年的按年利率 2.52%计付利息	3.73%	06/15-06/30	2012年05/15-06/30对月对日，提前兑取按兑取本金数额的1‰收取手续费	-

续表

		不满半年不计付利息，满半年不满一年的按年利率 0.36% 计付利息，满一年不满二年的按年利率 1.71%计付利息，满二年不满三年的按年利率 2.52%计付利息，满三年不满四年按年利率 3.69% 计付利息，满四年不满五年的按年利率 3.87%计付利息				
2009 年（凭证式）三期 06/15-06/30	5 年		4.00%	06/15-06/30	2014 年 06/15-06/30 对月对日，提前兑取按兑取本金数额的 1‰收取手续费	-
2009 年（凭证式）四期 08/17-08/31	1 年	不满半年不计付利息，满半年不满一年的按年利率 0.36% 计付利息	2.60%	08/17-08/31	2010 年 08/17-08/31 对月对日，提前兑取按兑取本金数额的 1‰收取手续费	-
2009 年（凭证式）四期 08/17-08/31	3 年	不满半年不计付利息，满半年不满一年的按年利率 0.36% 计付利息，满一年不满二年的按年利率 1.71%计付利息，满二年不满三年的按年利率 2.52%计付利息	3.73%	08/17-08/31	2012 年 08/17-08/31 对月对日，提前兑取按兑取本金数额的 1‰收取手续费	-
2009 年（凭证式）五期 10/15-10/31	1 年	不满半年不计付利息，满半年不满一年的按年利率 0.36% 计付利息	2.60%	10/15-10/31	2010 年 10/15-10/31 对月对日，提前兑取按兑取本金数额的 1‰收取手续费	-
2009 年（凭证式）五期 10/15-10/31	3 年	不满半年不计付利息，满半年不满一年的按年利率 0.36% 计付利息，满一年不满二年的按年利率 1.71%计付利息，满二年不满三年的按年利率 2.52%计付利息	3.73%	10/15-10/31	2012 年 10/15-10/31 对月对日，提前兑取按兑取本金数额的 1‰收取手续费	-

案例二：三特索道（002159）

一、公司简介

武汉三特索道集团股份有限公司（以下简称公司）成立于1989年，是武汉市第一家股份制改革试点的民营高科技企业。2007年8月17日，公司股票在深圳证券交易所挂牌上市。公司自1995年确定客运索道为主导产业以来，经过十多年不懈的努力，通过跨区域的开发、经营与探索，在客运索道的经营和管理方面积累了丰富的经验，并在客运索道拥有数量、资产总量、技术能力、管理水平等方面居全国同行业前列。公司是"国际索道协会"最早的中国企业会员之一，也是中国索道协会的副理事长单位。

随着中国旅游产业由观光旅游时代向休闲度假时代的转型升级，公司已逐步发展为以旅游客运索道经营为主、景区及景观房地产开发经营为辅的跨区域、专业化旅游企业集团，并已形成了"经营一批、开发一批、储备一批"的资源战略和经营模式，具备了较为突出的优质旅游资源控制能力，确立了一套成熟的跨地域发展的业务拓展模式，拥有一支对中国旅游市场有着深刻认识和具有丰富实践经验的管理团队。公司目前经营开发的旅游项目主要有：陕西华山索道、海南猴岛跨海索道、庐山三叠泉有轨缆车、珠海石景山索道（滑道）、内蒙古克什克腾旗青山索道、广州白云山滑道（极限运动中心）、海南陵水猴岛公园、海南定安塔岭飞禽世界等、贵州梵净山景区及索道、陕西华山宾馆、福建武夷山武夷源生态旅游区、湖北神农架木鱼镇民俗风情商业街、湖北咸丰坪坝营生态旅游区、海南猴岛浪漫天缘海上旅游项目等。

二、三特索道投资事项

公司全资子公司海南塔岭旅业开发有限公司（以下简称"塔岭旅业公司"）投资开发塔岭天籁谷休闲养生会馆（原天籁谷养老公寓）二期项目，计划投资规模 13 000 万元，投入滚动资金 2 500 万元。2011 年 4 月 27 日，公司第八届董事会第十一次会议审议同意塔岭旅业公司关于天籁谷休闲养生会馆二期项目建设计划。根据《股票上市规则》、公司章程及《对外投资管理办法》的有关规定，本次建设计划在公司董事会审批权限内。本次对外投资不涉及关联交易。

项目资金来源：塔岭旅业公司项目投资资金来源于自有资金、自筹资金及公司提供的财务资助。项目内容及预算：塔岭旅业公司关于塔岭天籁谷休闲养生会馆二期项目的建设计划为：开工建面 45 353 平方米，预计建设期限 2 年，投资效益测算为：实现销售收入 23 190 万元，实现净利润 3 043 万元。同时，二期项目还将配套建设 6 000 平方米平站两用人防工程（地下车库），预计投资 1 500 万元。该项投资未作效益分析。本次投资开发完成后，对公司财务状况和经营成果产生一定影响。

三、投资风险

（一）项目投资目的

旅游地产开发是公司沿旅游产业链延伸开发模式的战略选择，有利于解决公司中长期投资与短期效益的矛盾。随着海南国际旅游岛全面建设的推进，海南旅游地产开发的外部环境和条件比较占优，公司考虑优先启动塔岭天籁谷休闲养生会馆二期项目的开发。本次投资有利于公司盘活资产存量。

（二）项目投资的主要风险

1. **政策性风险**。国家和地方关于房地产调控的有关政策对房地产市场有较大影响。本次项目开发有一定政策风险。但公司开发规模不大，有能力根据政策调控力度调节投资规模和节奏。

2. **市场风险**。旅游地产开发产品与一般商业住宅的适用对象是不完全一样的，能否为市场所接受具有一定风险。公司将从旅游地产的特性及市场对旅游地产的诉求出发,按照市场需要打造适销对路的产品。

3. 项目开发管理风险。公司已有一定旅游地产开发经验,但作为公司一种新的业态,专业化管理程度还不是很高,存在一定开发管理风险。管理不到位将增大成本;经营不善,营销不力,开发效益将打折扣。公司将注重培养和引进专业人才,讲究科学决策、细节管理,尽量降低项目开发管理风险。

四、财务计算

(一) 关键数据

原始投资=I_0=13 000 万元

营业利润=78 848 599.34 元

年现金流量=预计销售收入=23 190 万元

NCF=年平均税后利润=年均净利润=预计实现利润=3 043 万元

I=2011 年银行利率+2011 年通货膨胀率=3.50%+4.9%

(二) 计算

1. 投资回收期=原始投资总额÷年现金净流量

=130 000 000÷231 900 000

=0.56

2. ARR=(营业利润÷年平均投资额)×100%

=(78 848 599.34÷130 000 000)×100%

=0.60652=60.65%

3. AAR=(年均净利润÷原始投资额)×100%

=(30 430 000÷130 000 000)×100%

=0.23423=23.4%

4. 净现值法

$$NPV = \sum_{t=1}^{n} \frac{NCF_t}{(1+i)^t} - I_0$$

=30 430 000÷(1+3.50%+4.9%)-130 000 000

=28 071 955.72-130 000 000

=-101 928 044.72

五、案例分析

本案例也是使用了三特索道公布的投资项目作为案例,使用投资的理论与方法进行了简单测算。帮助读者进行前面的投资理论与方法的知识分析。首先,投资回收期的计算获得数值 0.56 年,大约为 7 个月的时间。从项目投资角度看这个数值的确值得商榷。其次,从会计平均利润率指标看回报率为 23%,明显高于同时期的行业平均回报率。会计回报率指标为 60%,基本上是行业的 5 倍。

最后，采用传统的净现值法进行进一步的项目投资分析。项目的净现值流量为负值，也印证了以上的投资分析指标结果，此项目的盈利性值得质疑。

六、案例附表

表 2-13 2011 年资产负债表

会计年度	2011-12-31
货币资金	109 002 546.05
交易性金融资产	—
应收票据	—
应收账款	6 313 422.38
预付款项	6 168 305.12
其他应收款	18 323 155.33
应收关联公司款	—
应收利息	—
应收股利	—
存货	182 339 686.47
其中：消耗性生物资产	—
一年内到期的非流动资产	826 201.10
其他流动资产	—
流动资产合计	322 973 316.45
可供出售金融资产	—
持有至到期投资	—
长期应收款	—
长期股权投资	82 528 245.82
投资性房地产	5 917 918.79
固定资产	518 265 799.27
在建工程	177 974 226.57
工程物资	—
固定资产清理	—
生产性生物资产	—
油气资产	—
无形资产	61 889 079.53
开发支出	—
商誉	34 157 868.44
长期待摊费用	3 277 979.49

续表

会计年度	2011-12-31
递延所得税资产	1 080 916.99
其他非流动资产	—
非流动资产合计	885 092 034.90
资产总计	1 208 065 351.35
短期借款	160 000 000.00
交易性金融负债	—
应付票据	—
应付账款	1 241 123.58
预收款项	3 672 157.19
应付职工薪酬	6 078 379.59
应交税费	10 939 960.88
应付利息	995 611.07
应付股利	5 432 134.13
其他应付款	82 979 334.00
应付关联公司款	—
一年内到期的非流动负债	126 000 000.00
其他流动负债	104 285 416.67
流动负债合计	501 624 117.11
长期借款	202 000 000.00
应付债券	—
长期应付款	—
专项应付款	—
预计负债	—
递延所得税负债	—
其他非流动负债	15 881 666.66
非流动负债合计	217 881 666.66
负债合计	719 505 783.77
实收资本（或股本）	120 000 000.00
资本公积	150 154 680.27
盈余公积	49 378 527.45
减：库存股	—
未分配利润	148 677 990.42

续表

会计年度	2011-12-31
少数股东权益	20 348 369.44
外币报表折算价差	—
非正常经营项目收益调整	—
归属母公司所有者权益（或股东权益）	468 211 198.14
所有者权益（或股东权益）合计	488 559 567.58
负债和所有者（或股东权益）合计	1 208 065 351.35
备注	

表 2-14　2011 年利润表

会计年度	2011-12-31
一、营业收入	375 442 678.81
减：营业成本	165 319 153.50
营业税金及附加	20 271 097.21
销售费用	19 966 773.14
管理费用	55 906 973.18
勘探费用	—
财务费用	36 657 253.45
资产减值损失	-1 451 874.52
加：公允价值变动净收益	—
投资收益	75 296.49
其中：对联营企业和合营企业的投资收益	7 273.10
影响营业利润的其他科目	
二、营业利润	78 848 599.34
加：补贴收入	—
营业外收入	136 833.67
减：营业外支出	788 810.15
其中：非流动资产处置净损失	527 505.41
加：影响利润总额的其他科目	—
三、利润总额	78 196 622.86
减：所得税	34 714 192.83
加：影响净利润的其他科目	
四、净利润	43 482 430.03

续表

会计年度	2011-12-31
归属于母公司所有者的净利润	40 152 973.49
少数股东损益	3 329 456.54
五、每股收益	—
（一）基本每股收益	0.33
（二）稀释每股收益	0.33
备注	

表2-15　2011年现金流量表

报告年度	2011-12-31
一、经营活动产生的现金流量	
销售商品、提供劳务收到的现金	372 574 867.30
收到的税费返还	—
收到其他与经营活动有关的现金	22 986 344.64
经营活动现金流入小计	395 561 211.94
购买商品、接受劳务支付的现金	59 093 665.83
支付给职工以及为职工支付的现金	52 901 009.63
支付的各项税费	53 215 655.02
支付其他与经营活动有关的现金	103 181 398.98
经营活动现金流出小计	268 391 729.46
经营活动产生的现金流量净额	127 169 482.48
二、投资活动产生的现金流量	
收回投资收到的现金	1 470 586.15
取得投资收益收到的现金	89 790.00
处置固定资产、无形资产和其他长期资产收回的现金净额	69 000.00
处置子公司及其他营业单位收到的现金净额	—
收到其他与投资活动有关的现金	1 185 510.03
投资活动现金流入小计	2 814 886.18
购建固定资产、无形资产和其他长期资产支付的现金	162 618 766.27
投资支付的现金	—
取得子公司及其他营业单位支付的现金净额	36 530 000.00
支付其他与投资活动有关的现金	4 470 477.50
投资活动现金流出小计	203 619 243.77

续表

报告年度	2011-12-31
投资活动产生的现金流量净额	-200 804 357.59
三、筹资活动产生的现金流量	
吸收投资收到的现金	12 335 000.00
取得借款收到的现金	234 000 000.00
收到其他与筹资活动有关的现金	2 800 000.00
筹资活动现金流入小计	349 135 000.00
偿还债务支付的现金	213 000 000.00
分配股利、利润或偿付利息支付的现金	40 001 216.33
支付其他与筹资活动有关的现金	500 000.00
筹资活动现金流出小计	253 501 216.33
筹资活动产生的现金流量净额	95 633 783.67
四、汇率变动对现金的影响	
四（2）、其他原因对现金的影响	
五、现金及现金等价物净增加额	
期初现金及现金等价物余额	87 006 402.29
期末现金及现金等价物余额	109 002 546.05
附注：1. 将净利润调节为经营活动现金流量	
净利润	43 482 430.03
加：资产减值准备	-1 451 874.52
固定资产折旧、油气资产折耗、生产性生物资产折旧	—
无形资产摊销	1 270 279.78
长期待摊费用摊销	1 034 926.42
处置固定资产、无形资产和其他长期资产的损失	474 505.41
固定资产报废损失	—
公允价值变动损失	—
财务费用	35 630 858.72
投资损失	-75 296.49
递延所得税资产减少	-73 353.95
递延所得税负债增加	—
存货的减少	-9 419 771.22
经营性应收项目的减少	-15 228 555.68
经营性应付项目的增加	31 262 713.85

续表

报告年度	2011-12-31
其他	40 262 620.13
经营活动产生的现金流量净额2	127 169 482.48
2. 不涉及现金收支的重大投资和筹资活动	
债务转为资本	—
一年内到期的可转换公司债券	—
融资租入固定资产	—
3. 现金及现金等价物净变动情况	
现金的期末余额	109 002 546.05
减：现金的期初余额	87 006 402.29
加：现金等价物的期末余额	—
减：现金等价物的期初余额	—
加：其他原因对现金的影响2	—
现金及现金等价物净增加额	21 996 143.76
备注	

第三章 企业融资

第一节 融资理论

一、股权

（一）股权

股权是指投资人由于向公民合伙和向企业法人投资而享有的权利。向合伙组织投资，股东承担的是无限责任；向法人投资，股东承担的是有限责任。所以，虽然二者都是股权，但两者之间仍有区别。

向法人投资的股权的内容主要有：股东有只以投资额为限承担民事责任的权利；有参与制定和修改法人章程的权利；有自己出任法人管理者或决定法人管理者人选的权利；有参与股东大会，决定法人重大事宜的权利；有从企业法人那里分取红利的权利；有依法转让股权的权利；有在法人终止后收回剩余财产等权利。而这些权利都是源于股东向法人投资而享有的权利。

向合伙组织投资的股权，除不享有上述股权中的第一项外，其他相应的权利完全相同。

股权法人财产权和合伙组织财产权，均来源于投资财产的所有权。投资人向被投资人投资的目的是盈利，是将财产交给被投资人经营和承担民事责任，而不是将财产拱手送给了被投资人。所以法人财产权和合伙组织的财产权是有限授权性质的权利。授出的权利是被投资人财产权；没有授出的，保留在自己手中的权利和由此派生出的权利就是股权。两者都是不完整的所有权。被投资人的财产权主要体现投资财产所有权的外在形式，股权则主要代表投资财产所有权的核心内容。

法人财产权和股权的相互关系有以下几点：

1. 股权与法人财产权同时产生，它们都是投资产生的法律后果。

2. 从总体上说，股权决定法人财产权，但也有特殊和例外。因为股东大会是企业法人的权利机构，它做出的决议决定法人必须执行。而这些决议、决定正是投资人行使股权的集中体现。所以通常情况下，股权决定法人财产权。股权是法人财产权的内核，股权是法人财产权的灵魂。但在承担民事责任时法人却无需经过股东大会的批准、认可。这是法人财产权不受股权辖制的一个例外。这也是法人制度的必然要求。

3. 股权从某种意义上也可以说是对法人的控制权，取得了企业法人百分之百的股权，也就取得了对企业法人百分之百的控制权。股权掌握在国家手中，企业法人最终就要受国家的控制；股权掌握在公民手中，企业法人最终就要受公民的控制；股权掌握在母公司手中，企业法人最终就要受母公司的控制。

4. 股权转让会导致法人财产的所有权整体转移，却与法人财产权毫不相干。企业及其财产整体转让的形式就是企业股权的全部转让。全部股权的转让意味着股东大会成员的大换血，企业财产的易主。但股权全部转让不会影响企业注册资本的变化，不会影响企业使用的固定资产和流动资金、不会妨碍法人以其财产承担民事责任。所以法人财产权不会因为股权转让而发生改变。

股权与合伙组织财产权的相互关系与以上情况类似。

股权虽然不能完全等同于所有权，但它是所有权的核心内容。享有股权的投资人是财产的所有者。股权不能离开法人财产权而单独存在，反之亦然。

股权根本不是什么债权、社员权等不着边际的权利。

人们之所以多年来不能正确认识股权与法人财产权，主要是人们没有看到它们产生的源头，没有研究二者内在联系。一些人对法人的习惯认识还存在一定的缺陷。

（二）虚拟股权

对于非上市公司（尤其是处于高速成长期的中小企业）而言，提到股权，更多的时候指的是一种利益分享机制，而非真实股权的工商登记变更，称之为虚拟股，如华为员工持有的股权。目前，国内很多培训机构、咨询公司均抢占虚拟股权市场，为非上市公司提供理论培训和方案设计服务，但服务效果千差万别。国内著名股权激励专家、上海经邦咨询公司总经理王俊强指出，虚拟股激励不同于实股激励，后者着眼于合法合规，强调静态机制；而前者更注重激励效果，强调动态机制。

（三）股权的主要分类

1. 自益权和共益权

这是根据股权先例目的的不同而对股权的分类。自益权是专为该股东自己的利益而行使的权利，如股息和红利的分配请求权、剩余财产分配请求权、新股优先认购权等；共益权是为股东的利益并兼为公司的利益而行使的权利，如表决权、请求召集股东大会的权利、请求判决股东大会决议无效的权利、账簿查阅请求权等。

2. 单独股东权和少数股东权

这是根据股权的行使是否达到一定的股份数额为标准而进行的分类。单独股东权是股东一人即可行使的权利，一般的股东权利都属于这种权利；少数股东权是不达到一定的股份数额就不能行使的权利，如按《公司法》第 104 条的规定，请求召开临时股东会的权利，必须由持有公司股份 10%以上的股东方可行使。少数股东权是《公司法》为救济多数议决原则的滥用而设定的一种制度，即尽量防止少数股东因多数股东怠于行使或滥用权利而受到侵害，有助于对少数股东的保护。

3. 普通股东权和特别股东权

这是根据股权主体有无特殊性所进行的分类，即前者是一般股东所享有的权利；后者是特别股东所享有的权利，如优先股股东所享有的权利。《公司法》第 72 条规定：有限责任公司的股东之间可以相互转让其全部或者部分股权。

股东向股东以外的人转让股权，应当经其他股东过半数同意。股东应就其股权转让事项书面通知其他股东征求同意，其他股东自接到书面通知之日起满三十日未答复的，视为同意转让。其他股东半数以上不同意转让的，不同意的股东应当购买该转让的股权；不购买的，视为同意转让。经股东同意转让的股权，在同等条件下，其他股东有优先购买权。两个以上股东主张行使优先购买权的，协商确定各自的购买比例；协商不成的，按照转让时各自的出资比例行使优先购买权。

（四）股权转让价

股权成本价是指股权转让人投资入股时实际支付的出资金额，或购买该项股权时向该股权的原转让人实际支付的股权转让金额。

（五）股权转让

股权转让仪式是指公司股东依法将自己的股份让渡给他人，使他人成为公司股东的民事法律行为。股权转让是股东行使股权经常而普遍的方式，我国《公司法》规定股东有权通过法定方式转让其全部出资或者部分出资。

股权自由转让制度，是现代公司制度最为成功的表现之一。近年来，随着我国市场经济体制的建立，国有企业改革及公司法的实施，股权转让成为企业募集资本、产权流动重组、资源优化配置的重要形式，由此引发的纠纷在公司诉讼中最为常见，其中股权转让合同的效力是该类案件审理的难点所在。

股权转让协议是当事人以转让股权为目的而达成的关于出让方交付股权并

收取价金,受让方支付价金得到股权的意思表示。股权转让是一种物权变动行为,股权转让后,股东基于股东地位而对公司所发生的权利义务关系全部同时移转于受让人,受让人因此成为公司的股东,取得股东权。根据《合同法》第44条第1款的规定,股权转让合同自成立时生效。

但股权转让合同的生效并不当然等同于股权转让生效。股权转让合同的生效是指对合同当事人产生法律约束力的问题,股权转让的生效是指股权何时发生转移,即受让方何时取得股东身份的问题,所以,必须关注股权转让协议签订后的适当履行问题。

(六) 股权转让限制

依法律的股权转让限制,即各国法律对股权转让明文设置的条件限制。这也是股权转让限制中最主要、最复杂的一种,中国法律规定,依法律的股权转让限制主要表现为封闭性限制,股权转让场所的限制,发起人持股时间的限制,董事、监事、经理任职条件的限制,特殊股份转让的限制,取得自己股份的限制。

1. 封闭性限制。中国《公司法》第35条规定:"股东之间可以相互转让其全部出资或者部分出资。股东向股东以外的人转让其出资时,必须经全体股东过半数同意;不同意转让的股东应当购买该转让的出资,如果不购买该转让的出资,视为同意转让。"

2. 股权转让场所的限制。针对股份有限公司股份的转让,中国《公司法》第144条规定:"股东转让其股份,必须在依法设立的证券交易所进行。"第146条规定:"无记名股票的转让,由股东在依法设立的证券交易所将该股票交付给受让方即发生转让的效力。"此类转让场所的限制规定,在各国立法上也极为少见。这也许与行政管理中的管理论占主导的思想有关,但将行政管理的模式生搬硬套为股权转让的限制是公司法律制度中的幼稚病。

3. 发起人持股时间的限制。中国《公司法》第147条第1款规定:"发起人持有的本公司股份,自公司成立之日起3年内不得转让。"对发起人股权转让的限制,使发起人与其他股东的权利不相等,与社会主义市场经济各类市场主体平等行使权利不相称。

4. 董事、监事、经理任职条件的限制。中国《公司法》第147条第2款规定:"公司董事、监事、经理应当向公司申报所持有的本公司的股份,并在任职期间内不得转让。"其目的是杜绝公司负责人利用职务便利获取公司的内部信息,从事不公平的内幕股权交易,从而损害其他非任董事、监事、经理的股东的合法权益。

5. 特殊股份转让的限制。中国《公司法》第148条规定:"国家授权投资的机构可以依法转让其持有的股份,也可以购买其他股东持有的股份。转让或者购买股份的审批权限、管理办法,由法律、行政法规另行规定。"1997年7月对外经济贸易合作部、国家工商行政管理总局联合发布的《关于外商投资企业投资者股权变更的若干规定》第20条规定:"股权转让协议和修改企业原合同、章程协议自核发变更外商投资企业批准证书之日起生效。协议生效后,企业投资者按照修改后的企业合同、章程规定享有有关权利并承担有关义务。"

6. 取得自己股份的限制。中国《公司法》第149条第1款规定:"公司不得收购本公司的股票,但为减少公司资本而注销股份或者与持有本公司股票的其他公司合并时除外。"公司依照法律规定收购本公司的股票后,必须在10日内注销该部分股票,依照法律、行政法规办理变更登记,并且公告。同时,第149条第3款还规定:"公司不得接受本公司的股票作为抵押权的标的。"这里的"抵押权的标的"应当更为准确地表述为"质押权的标的"。因为根据中国《担保法》第75条"依法可以转让的股份、股票"应是权利质押中质押权的标的。如果公司接受本公司的股票质押,则质押人与质押权人同归于一人显然不妥。

(1) 依章程的股权转让限制

依章程的股权转让限制,是指通过公司章程对股权转让设置的条件,依章程的股权转让限制,多是依照法律的许可来进行的。在中国公司法律中却没有此类限制性规定。

(2) 依合同的股权转让限制

依合同的股权转让限制,是指依照合同的约定对股权转让作价的限制。此类合同应包括公司与股东、股东与股东以及股东与第三人之间的合同等。如部分股东之间就股权优先受让权所作的相互约定、公司与部分股东之间所作的特定条件下回购股权的约定,皆是依合同的股权转让限制的具体体现。

(七) 股权分置

1. 概念

股权分置是指股东持有相同的股票却没有相同的权利,比如持有非流通股的股东不能像持有流通股的股东一样去交易股票。

2. 两类股份

中国的上市公司中存在着非流通股与流通股两类股份,除了持股成本的巨大差异和流通权不同之外,赋于每份股份其他的权利均相同。由于持股的成本有巨大差异,造成了两类股东之间的严重不公。股权分置改革,如果不考虑非流通股与流通股的持股成本,不承认两类股东持股成本的差异,便失去了解决问题的逻辑基础,更谈不上保护社会公众投资者这个弱势群体的合法权益和"三公"。

3. 股权登记日

上市公司在送股、派息、配股或召开股东大会的时候，需要定出某一天，界定哪些主体可以参加分红、参与配股或具有投票权利，定出的这一天就是股权登记日。也就是说，在股权登记日这一天仍持有或买进该公司的股票的投资者是可以享有此次分红、参与此次配股或参加此次股东大会的股东，这部分股东名册由证券登记公司统计在案，届时将所应送的红股、现金红利或者配股权划到这部分股东的账上。

二、债权

（一）定义

债权是得请求他人为一定行为（作为或不作为）的民法上权利。基于权利义务相对原则，相对于债权者为债务，即必须为一定行为（作为或不作为）的民法上义务。因此债之关系本质上即为一民法上的债权债务关系，债权和债务都不能单独存在，否则即失去意义。

（二）产生原因

和物权不同的是，债权是一种典型的相对权，只在债权人和债务人之间发生效力，原则上债权人和债务人之间的债之关系不能对抗第三人。

债发生的原因在民法"债"编中主要可分为契约、无因管理、不当得利和侵权行为，债的消灭原因则有清偿、提存、抵销、免除等。

1. 合同。合同是债权产生最主要的原因。

2. 侵权行为。侵权行为可分为一般侵权行为和特殊侵权行为。在一般侵权行为中，当事人一方只有因自己的过错而给他人造成人身和财产损失时，才负赔偿的责任，如果没有过错，就不需负赔偿责任。而在特殊侵权行为中，只要造成了他人的损失，就算你自己不存在过错，你仍要负赔偿责任。

3. 不当得利。不当得利是指既没有法律上的原因，也没有合同上的原因，取得了不当利益，而使他人受到损失的行为。在不当得利的情况下，受到损失的当事人有权要求另一方返还不当利益。

4. 无因管理。无因管理是指，没有法定或者约定的义务，为避免他人的利益受损失而进行管理和服务，提供管理和服务的一方有权要求他方支付必要的费用。

在贷款、加工款、租金、交货、货物运输、技术服务六种债权标的形式中，对于前三种，我们可归之为金钱债权，因为它们都是直接以货币为内容的；对于后三种，我们可称之为非金钱债权，它们不直接以金钱为内容，而是直接表现为一种行为、一种物或者智力成果。在这其中，金钱债权是最常见的债权，也是最重要的债权。

从会计意义来看,债权是指单位未来收取款项的权利,包括应收账款、应收票据、预付账款、其他应收款、应收股利、应收利息和应收补贴款等。

(三)债权的分类

1. 法定之债与意定之债。根据发生原因及债的内容是否以当事人的意志决定,法定之债包括侵权损害赔偿之债、不当得利之债、无因管理之债及缔约过失之债;意定之债主要是指合同之债。

2. 特定物之债与种类物之债。标的物属性得不同。

3. 单一之债与多数人之债。债的主体双方人数。

4. 按份之债与连带之债。各方各自享有的权利或承担的义务及相互间关系,按份之债的各债务人只对自己分担的债务份额负清偿责任,债权人物权请求各债务人清偿全部债务。

在连带责任中,连带债权人在任何一任接受了全部履行,或者连带债务人的任何一任清偿了全部债务时,虽然原债归于消灭,但连带债权人或连带债务人之间则会产生新的按份之债。

5. 简单之债与选择之债。债的标的有无选择性。

6. 主债与从债。(两个债之间的关系)主债是从债存在的依据,从债的效力决定于主债的效力,主债消灭,从债也随之消灭。

7. 财物之债与劳务之债。债务人的义务是提供财物还是提供劳务。

(四)债权申报

清算组应当自成立之日起十日内通知全部成员和债权人,并于六十日内在报纸上公告。债权人应当自接到通知之日起三十日内,未接到通知的自公告之日起四十五日内,向清算组申报债权。如果在规定期间内全部成员、债权人均已收到通知,免除清算组的公告义务。债权人申报债权,应当说明债权的有关事项,并提供证明材料。清算组应当对债权进行登记。在申报债权期间,清算组不得对债权人进行清偿。

三、资本资产定价模型

(一)CAPM 模型的提出

马科维茨(Markowitz, 1952)的分散投资与效率组合投资理论第一次以严谨的数理工具为手段向人们展示了一个风险厌恶的投资者在众多风险资产中如何构建最优资产组合的方法。应该说,这一理论带有很强的规范(Normative)意味,告诉了投资者应该如何进行投资选择。但问题是,在20世纪50年代,即便有了当时刚刚诞生的电脑的帮助,在实践中应用马科维茨的理论仍然是一项烦琐、令人生畏的高难度工作；或者说，与投资的现实世界脱节的过于严重，进而很难完全被投资者采用。美国普林斯顿大学的鲍莫尔（William Baumol）在其 1966 年一篇探讨马科维茨—托宾体系的论文中就谈到，按照马科维茨的理论，即使从较简化的模式出发，要从 1500 支证券中挑选出有效率的投资组合，当时每运行一次电脑需要耗费 150～300 美元，而如果要执行完整的马科维茨运算，所需的成本至少是前述金额的 50 倍；而且所有这些还必须有一个前提，就是分析师必须能够持续且精确地估计标的证券的预期报酬、风险及相关系数，否则整个运算过程将变得毫无意义。

正是由于这一问题的存在，从 20 世纪 60 年代初开始，以夏普（W. Sharpe, 1964）、林特纳（J. Lintner, 1965）和莫辛（J. Mossin, 1966）为代表的一些经济学家开始从实证的角度出发，探索证券投资的现实，即马科维茨的理论在现实中的应用能否得到简化？如果投资者都采用马科维茨资产组合理论选择最优资产组合，那么资产的均衡价格将如何在收益与风险的权衡中形成？或者说，在市场均衡状态下，资产的价格如何依风险而确定？

这些学者的研究直接导致了资本资产定价模型（Capital Asset Pricing Model, CAPM）的产生。作为基于风险资产期望收益均衡基础上的预测模型之一，CAPM 阐述了在投资者都采用马科维茨的理论进行投资管理的条件下市场均衡状态的形成，把资产的预期收益与预期风险之间的理论关系用一个简单的线性关系表达出来了，即认为一个资产的预期收益率与衡量该资产风险的一个尺度 β 值之间存在正相关关系。应该说，作为一种阐述风险资产均衡价格决定的理论，单一指数模型或以之为基础的 CAPM，不仅大大简化了投资组合选择的运算过程，使马科维茨的投资组合选择理论朝现实世界的应用迈进了一大步，而且也使得证券理论从以往的定性分析转入定量分析，从规范性转入实证性，进而对证券投资的理论研究和实际操作，甚至整个金融理论与实践的发展都产生了巨大影响，成为现代金融学的理论基础。

当然，近几十年，作为资本市场均衡理论模型关注的焦点，CAPM 的形式已经远远超越了夏普、林特纳和莫辛提出的传统形式，有了很大的发展，如套利定价模型、跨时资本资产定价模型、消费资本资产定价模型等，目前已经形成了一个较为系统的资本市场均衡理论体系。

（二）资本资产定价模型

夏普发现单个股票或者股票组合的预期回报率（Expected Return）的公式如下：

$$\bar{r}_a = r_f + \beta_a \times (\bar{r}_m - \bar{r}_f)$$

其中，r_f（Risk free rate）为无风险回报率，纯粹的货币时间价值；

β_a 为证券的 Beta 系数；

$\overline{r_m}$ 为市场期望回报率（Expected Market Return）；

$(\overline{r_m} - \overline{r_f})$ 为股票市场溢价（Equity Market Premium）。

CAPM 公式中右边第一个是无风险收益率，比较典型的无风险回报率是 10 年期的美国政府债券。如果股票投资者需要承受额外的风险，那么他将需要在无风险回报率的基础上多获得相应的溢价。那么，股票市场溢价（Equity Market Premium）就等于市场期望回报率减去无风险回报率。证券风险溢价就是股票市场溢价和一个 β 系数的乘积。

（三）资本资产定价模型的假设

CAPM 是建立在马科威茨模型基础上的，马科威茨模型的假设自然包含在其中：

1. 投资者希望财富越多越好，效用是财富的函数，财富又是投资收益率的函数，因此可以认为效用为收益率的函数。

2. 投资者能事先知道投资收益率的概率分布为正态分布。

3. 投资风险用投资收益率的方差或标准差标识。

4. 影响投资决策的主要因素为期望收益率和风险两项。

5. 投资者都遵守主宰原则（Dominance rule），即同一风险水平下，选择收益率较高的证券；同一收益率水平下，选择风险较低的证券。

CAPM 的附加假设条件：

1. 可以在无风险折现率 R 的水平下无限制地借入或贷出资金。

2. 所有投资者对证券收益率概率分布的看法一致，因此市场上的效率边界只有一条。

3. 所有投资者具有相同的投资期限，而且只有一期。

4. 所有的证券投资可以无限制地细分，在任何一个投资组合里可以含有非整数股份。

5. 买卖证券时没有税负及交易成本。

6. 所有投资者可以及时免费获得充分的市场信息。

7. 不存在通货膨胀，且折现率不变。

8. 投资者具有相同预期，即他们对预期收益率、标准差和证券之间的协方差具有相同的预期值。

上述假设表明：第一，投资者是理性的，而且严格按照马科威茨模型的规则进行多样化的投资，并将从有效边界的某处选择投资组合；第二，资本市场是完全有效的市场，没有任何磨擦阻碍投资。

（四）资本资产定价模型的优缺点

1. 优点

CAPM 最大的优点在于简单、明确。它把任何一种风险证券的价格都划分为三个因素：无风险收益率、风险的价格和风险的计算单位，并把这三个因素有机结合在一起。

CAPM 的另一优点在于它的实用性。它使投资者可以根据绝对风险而不是总风险来对各种竞争报价的金融资产做出评价和选择。这种方法已经被金融市场上的投资者广为采纳，用来解决投资决策中的一般性问题。

2. 局限性

当然，CAPM 也不是尽善尽美的，它本身存在着一定的局限性。表现在：

（1）CAPM 的假设前提是难以实现的。比如，在本节开头，我们将 CAPM 的假设归纳为六个方面。假设之一是市场处于完全的竞争状态。但是，实际操作中完全竞争的市场是很难实现的，"做市"时有发生。假设之二是投资者的投资期限相同且不考虑投资计划期之后的情况。但是，市场上的投资者数目众多，他们的资产持有期间不可能完全相同，而且现在进行长期投资的投资者越来越多，所以假设二也就变得不那么现实了。假设之三是投资者可以不受限制地以固定的无风险利率借贷，这一点也是很难办到的。假设之四是市场无摩擦。但实际上，市场存在交易成本、税收和信息不对称等问题。假设之五、六是理性人假设和一致预期假设。显然，这两个假设也只是一种理想状态。

（2）CAPM 中的 β 值难以确定。某些证券由于缺乏历史数据，其 β 值不易估计。此外，由于经济的不断发展变化，各种证券的 β 值也会产生相应的变化，因此，依靠历史数据估算出的 β 值对未来的指导作用也要打折扣。总之，由于 CAPM 的上述局限性，金融市场学家仍在不断探求比 CAPM 更为准确的资本市场理论。目前，已经出现了另外一些颇具特色的资本市场理论（如套利定价模型），但尚无一种理论可与 CAPM 相匹敌。

（五）Beta 系数

按照 CAPM 的规定，Beta 系数是用以度量一项资产系统风险的指标，是用来衡量一种证券或一个投资组合相对总体市场的波动性（Volatility）的一种风险评估工具。也就是说，如果一支股票的价格和市场的价格波动性是一致的，那么这支股票的 Beta 值就是 1。如果一支股票的 Beta 是 1.5，就意味着当市场上升 10% 时，该股票价格则上升 15%；而市场下降 10% 时，股票的价格亦会下降 15%。

Beta 是通过统计分析同一时期市场每天的收益情况以及单个股票每天的价

格收益来计算出的。1972 年，经济学家费歇尔·布莱克（Fischer Black）、迈伦·斯科尔斯（Myron Scholes）等在他们发表的论文《资本资产定价模型：实例研究》中，通过研究 1931 年到 1965 年纽约证券交易所股票价格的变动，证实了股票投资组合的收益率和它们的 Beta 间存在着线性关系。

当 Beta 值处于较高位置时，投资者便会因为股票的风险高，而会相应提升股票的预期回报率。举个例子，如果一个股票的 Beta 值是 2.0，无风险回报率是 3%，市场回报率（Market Return）是 7%，那么市场溢价（Equity Market Premium）就是 4%（7%-3%），股票风险溢价（Risk Premium）为 8%（2×4%，用 Beta 值乘市场溢价），那么股票的预期回报率则为 11%（8%+3%，即股票的风险溢价加上无风险回报率）。

以上的例子说明，一个风险投资者需要得到的溢价可以通过 CAPM 计算出来。换句话说，我们可通过 CAPM 知道当前股票的价格是否与其回报相吻合。

（六）资本资产定价模型之性质

1. 任何风险性资产的预期报酬率=无风险利率+资产风险溢酬。
2. 资产风险溢酬=风险的价格×风险的数量。
3. 风险的价格=$E(R_m)-R_f$（SML 的斜率）。
4. 风险的数量=β。
5. 证券市场线（SML）的斜率等于市场风险贴水，投资人的风险规避程度愈高，则 SML 的斜率愈大，证券的风险溢酬就愈大，证券的要求报酬率也愈高。
6. 当证券的系统性风险（用 β 来衡量）相同，则两者之要求报酬率亦相同，证券之单一价格法则。

（七）CAPM 的意义

CAPM 给出了一个非常简单的结论：只有一种原因会使投资者得到更高回报，那就是投资高风险的股票。不容怀疑，这个模型在现代金融理论里占据着主导地位，但是这个模型真的实用吗？

在 CAPM 里，最难以计算的就是 Beta 的值。当法玛（Eugene Fama）和肯尼斯·弗兰奇（Kenneth French）研究 1963 年到 1990 年期间纽约证交所、美国证交所以及纳斯达克（NASDAQ）的股票回报率时发现：在这个时期里 Beta 值并不能充分解释股票的表现。单个股票的 Beta 值和回报率之间的线性关系在短时间内也不存在。他们的发现似乎表明了 CAPM 并不能有效地运用于现实的股票市场。

事实上，有很多研究也表示对 CAPM 正确性的质疑，但是这个模型在投资界仍然被广泛地应用。虽然用 Beta 预测单个股票的变动是困难的，但是投资者仍然相信 Beta 值比较大的股票组合会比市场价格波动性大，不论市场价格是上升还是下降；而 Beta 值较小的股票组合的变化则会比市场的波动小。

对于投资者尤其是基金经理来说，这点是很重要的。因为在市场价格下降的时候，他们可以投资于 Beta 值较低的股票。而当市场价格上升的时候，他们则可投资 Beta 值大于 1 的股票。

对于小投资者的我们来说，我们实在没有必要花时间去计算个别股票与大市的 Beta 值，因为据了解，现时有不少财经网站均附有个别股票的 Beta 值，只要读者细心留意，一定可以发现得到。

（八）资本资产定价模型之应用——证券定价

1. 应用资本资产定价理论探讨风险与报酬之模式，亦可发展出有关证券均衡价格的模式，供市场交易价格之参考。

2. 所谓证券的均衡价格是对投机者而言的，股价不存在任何投机获利的可能，证券均衡价格为投资证券的预期报酬率，等于效率投资组合上无法有效分散的等量风险，如无风险利率为 5%，风险溢酬为 8%，股票 β 系数值为 0.8，则依证券市场线计算该股股价应满足预期报酬率 11.4%，即持有证券的均衡预期报酬率为：

$$E(R_i) = R_F + \beta_i [E(R_m) - R_F]$$

3. 实际上，投资人所获得的报酬率为股票价格上涨（下跌）的资本利得（或损失），加上股票所发放的现金股利或股票股利，即实际报酬率为：

$$R_{ir+1} = \frac{p_{ir+1} - p_{ir} + D_{ir+1}}{p_i r}$$

4. 在市场均衡时，预期均衡报酬率应等于持有股票的预期报酬率：

$$R_F + \beta_i \left[E(R_m) - R_F \right] = \frac{E[P_{ir+1} - P_{ir} + E(D_{ir+1})]}{P_{ir}}$$

5. 若股票的市场交易价格低于此均衡价格，投机性买进将有利润，市场上的超额需求将持续存在直到股价上升至均衡价位；反之，若股票的交易价格高于均衡价格，投机者将卖出直到股价下跌达于均衡水准。

（九）资本资产定价模型之限制

1. CAPM 的假设条件与实际不符：

（1）完全市场假设：实际状况有交易成本、资讯成本及税，为不完全市场。

（2）同质性预期假设：实际上投资人的预期非为同质，使 SML 信息形成一个区间。

（3）借贷利率相等，且等于无风险利率之假设：实际情况为借钱利率大于贷款利率。

（4）报酬率分配呈常态假设，与事实不一定相符。

2. CAPM 应只适用于资本资产,人力资产不一定可买卖。
3. 估计的 β 系数只代表过去的变动性,但投资人所关心的是该证券未来价格的变动性。
4. 在实际情况中,无风险资产与市场投资组合可能不存在。

第二节 公司案例

案例一:债券融资——华天酒店(000428)

一、公司简介

华天酒店集团股份有限公司是一家以酒店业为核心,以商业与旅游为两翼,誉满三湘、比肩国际的现代旅游服务企业。1988 年 5 月 8 日,公司首家高星级酒店——长沙华天酒店开业,1995 年成立华天国际酒店管理公司,1996 年成功上市(股票名称:华天酒店,股票代码:000428)。目前,公司托管总资产逾 80 亿元,公司连锁酒店遍布湖南 14 个市州及北京、上海、武汉、郑州、长春、南昌、海口、西宁、呼和浩特等全国主要中心城市。作为我国酒店业的"湘军",公司连续五年荣膺"中国饭店业集团 20 强"、全球饭店业集团 300 强、五星钻石奖,并连续多年获得"中国饭店民族品牌先锋"的称号,是我国中西部地区最大的民族品牌酒店。

公司旗舰店——华天酒店总店是湖南省首家超豪华五星级酒店,位于长沙市解放东路 300 号,距机场仅 30 分钟车程,距火车站 5 分钟车程。酒店豪华典雅,造型奇特,楼体呈"V"字型,向天空伸展,像一张迎风的帆,象征华天人乘风破浪的气势;从空中俯视如一大写的"水",意喻扎根三湘四水之中,尽显时尚尊容与湘楚风情。酒店拥有 700 余套温馨舒适的客房,追求完美的国际金钥匙与专职管家为您提供 24 小时尊贵服务;酒店各类会议、宴会的服务设施功能完备、设备先进,成功举办了"第二届世界华文传媒论坛"、"第五届两岸经贸文化论坛"、"中国杂交水稻技术对外合作部长级论坛"、"全国未成年人思想道德建设经验交流会"等影响深远的重要会议;经典荟萃的华天餐饮传承湖湘美食精华,以传神美食、顶级服务成为我国酒店餐饮的奇葩;崇尚健康与品位的华天娱乐,以一流的设备和场馆,放牧着都市人悠闲自在的心情。秉承"勤奋敬业,业精技高,追求完美,严字当头,永争第一"的华天精神,华天人以服务为事业,持之以恒地为顾客创造满意加惊喜的精致服务。华天人专业贴心、浓情细意的优质服务创造了无数感人至深的故事与传奇，华天成为尊贵宾客、高端会务、精英商务的首选。"百年华天，华开天下"，华天人正致力于打造国际一流的百年名店，致力于将华天酒店连锁开遍神州大地，让华天——这个中国的民族品牌酒店走向国际、誉满天下！湖南华天酒店股份有限公司（000428）是湖南省旅游企业首家上市公司，华天品牌也荣获中国驰名商标。华天酒店是其旗下的商务型酒店品牌，另有经济型酒店品牌华天之星。

二、华天酒店融资事项

华天酒店于2010年10月20日，收到中国银行间市场交易商协会中市协注[2010] CP151 号文件，该协会决定接受公司短期融资券注册，金额为5亿元人民币，注册额度自通知书发出之日起2年内有效，由招商银行股份有限公司主承销。公司将在注册有效期内分期发行，首期发行将在注册后2个月内完成。

华天酒店于2010年10月29日第三次临时股东大会上，审议通过了《关于发行短期融资券的议案》，同意公司申请发行不超过5亿元人民币的短期融资券。并于10月28日，公司已完成2010年度第一期短期融资券3亿元人民币的发行，上述募集资金已到达公司指定账户，现将有关发行信息进行公告：短期融资券名称：华天酒店集团股份有限公司2010年度，第一期短期融资券；短期融资券简称：10华天CP01；短期融资券代码：1081360；短期融资券期限：1年；计息方式：附息浮动；发行招标日：2010年10月26日；起息日期：2010年10月28日；兑付日期：2011年10月28日；实际发行总额：3亿元；计划发行总额：3亿元；发行价格：100元；发行利率：3.98%（2.20%+1.78%）；主承销商：招商银行股份有限公司。

2011年1月31日，华天酒店完成了2011年度第一期短期融资券2亿元人民币的发行（在上一年已完成3亿的筹集工作），上述募集资金已到达公司指定账户，现将有关发行信息公告如下：短期融资券名称：华天酒店集团股份有限公司2011年度，第一期短期融资券；短期融资券简称：11华天CP01；短期融资券代码：1181045；短期融资券期限：1年；计息方式：附息浮动；发行招标日：2011年01月30日；起息日期：2011年01月31日；兑付日期：2012年01月31日；实际发行总额：2亿元；计划发行总额：2亿元；发行价格：100元；发行利率：5.4%（2.5%+2.9%）；主承销商：招商银行股份有限公司。

三、财务计算

（一）关键数据

1. 第一期

短期融资券期限：1年

计息方式：附息浮动

实际发行总额：3亿元
计划发行总额：3亿元
发行价格：100元
发行利率：3.98%（2.20%+1.78%）
2010年每股收益率：0.25%

2. 第二期

短期融资券期限：1年
计息方式：附息浮动
实际发行总额：2亿元
计划发行总额：2亿元
发行价格：100元
发行利率：5.4%（2.5%+2.9%）
2010年每股收益率：0.25%

（二）计算

1. 第一期

V=票面价值×发行利率÷（1+I_0）+票面价值÷（1+I_0）

　=100×3.98%÷(1+0.25%)+100÷(1+0.25%)

　=3.97+99.75

　=103.72元

2. 第二期

V=票面价值×发行利率÷(1+I_0)+票面价值÷(1ାI_0)

　=100×5.4%÷(1+0.25%)+100÷(1+0.25%)

　=5.39+99.75

　=105.14元

四、案例分析

本案例主要学习的内容是债券融资计算。根据案例披露的债券融资数据，我们使用债券的计算方法获得债券发行的债券价值。如果按照发行公司目前提供的债券收益率等各项数据，以股权收益率为折现率，债券第一期发行的实际价值是103.72元。因此，我们可以认为此债券的收益率即债券的融资成本明显要高于股权收益率即股权融资成本。第一期的债券融资成本高于目前状态下的股权融资。第二期融资则更表现出高于股权融资成本的现象。

五、案例附表

表 3-1　2010 年资产负债表

会计年度	2010-12-31
货币资金	365 294 243.26
交易性金融资产	—
应收票据	100 000.00
应收账款	39 314 896.36
预付款项	339 044 034.77
其他应收款	111 299 152.04
应收关联公司款	—
应收利息	—
应收股利	—
存货	287 737 109.37
其中：消耗性生物资产	—
一年内到期的非流动资产	—
其他流动资产	3 285 403.53
流动资产合计	1 146 074 839.33
可供出售金融资产	—
持有至到期投资	—
长期应收款	—
长期股权投资	96 056 444.64
投资性房地产	—
固定资产	2 212 204 870.38
在建工程	594 051 742.88
工程物资	—
固定资产清理	—
生产性生物资产	—
油气资产	—
无形资产	213 542 255.29
开发支出	—
商誉	—
长期待摊费用	276 092 547.29
递延所得税资产	21 827 982.17
其他非流动资产	—

续表

会计年度	2010-12-31
非流动资产合计	3 413 775 842.65
资产总计	4 559 850 681.98
短期借款	309 000 000.00
交易性金融负债	—
应付票据	—
应付账款	82 162 490.87
预收款项	178 092 554.08
应付职工薪酬	17 255 483.41
应交税费	70 509 624.10
应付利息	1 990 000.00
应付股利	—
其他应付款	186 618 718.24
应付关联公司款	—
一年内到期的非流动负债	250 738 975.16
其他流动负债	301 131 172.36
流动负债合计	1 397 499 018.22
长期借款	1 305 000 000.00
应付债券	—
长期应付款	233 939 572.60
专项应付款	—
预计负债	—
递延所得税负债	42 370 490.91
其他非流动负债	27 271 818.76
非流动负债合计	1 608 581 882.27
负债合计	3 006 080 900.49
实收资本（或股本）	553 020 000.00
资本公积	362 478 154.89
盈余公积	31 157 417.65
减：库存股	—
未分配利润	446 621 123.41
少数股东权益	160 493 085.54
外币报表折算价差	—

续表

会计年度	2010-12-31
非正常经营项目收益调整	—
归属母公司所有者权益（或股东权益）	1 393 276 695.95
所有者权益（或股东权益）合计	1 553 769 781.49
负债和所有者（或股东权益）合计	4 559 850 681.98
备注	

表 3-2 2010 年利润表

会计年度	2010-12-31
一、营业收入	1 373 663 642.57
减：营业成本	633 709 200.52
营业税金及附加	76 317 168.65
销售费用	24 489 478.64
管理费用	419 235 648.53
勘探费用	—
财务费用	100 851 961.95
资产减值损失	3 276 757.94
加：公允价值变动净收益	—
投资收益	738 342.61
其中：对联营企业和合营企业的投资收益	738 342.61
影响营业利润的其他科目	—
二、营业利润	116 521 768.95
加：补贴收入	
营业外收入	60 563 363.50
减：营业外支出	5 309 998.60
其中：非流动资产处置净损失	—
加：影响利润总额的其他科目	—
三、利润总额	171 775 133.85
减：所得税	28 277 389.57
加：影响净利润的其他科目	
四、净利润	143 497 744.28
归属于母公司所有者的净利润	136 017 915.96
少数股东损益	7 479 828.32
五、每股收益	—

续表

会计年度	2010-12-31
（一）基本每股收益	0.25
（二）稀释每股收益	0.25

表 3-3　2010 年现金流量表

报告年度	2010-12-31
一、经营活动产生的现金流量	
销售商品、提供劳务收到的现金	1 395 866 637.43
收到的税费返还	—
收到其他与经营活动有关的现金	49 025 419.09
经营活动现金流入小计	1 444 892 056.52
购买商品、接受劳务支付的现金	462 730 192.91
支付给职工以及为职工支付的现金	218 571 790.92
支付的各项税费	138 083 297.96
支付其他与经营活动有关的现金	194 487 247.93
经营活动现金流出小计	1 013 872 529.72
经营活动产生的现金流量净额	431 019 526.80
二、投资活动产生的现金流量	
收回投资收到的现金	—
取得投资收益收到的现金	—
处置固定资产、无形资产和其他长期资产收回的现金净额	—
处置子公司及其他营业单位收到的现金净额	—
收到其他与投资活动有关的现金	—
投资活动现金流入小计	—
购建固定资产、无形资产和其他长期资产支付的现金	531 820 005.26
投资支付的现金	78 200 000.00
取得子公司及其他营业单位支付的现金净额	84 256 546.76
支付其他与投资活动有关的现金	—
投资活动现金流出小计	694 276 552.02
投资活动产生的现金流量净额	-694 276 552.02
三、筹资活动产生的现金流量	
吸收投资收到的现金	900 000.00
取得借款收到的现金	1 214 000 000.00

续表

报告年度	2010-12-31
收到其他与筹资活动有关的现金	402 000 000.00
筹资活动现金流入小计	1 616 900 000.00
偿还债务支付的现金	961 200 000.00
分配股利、利润或偿付利息支付的现金	146 460 753.37
支付其他与筹资活动有关的现金	246 792 324.76
筹资活动现金流出小计	1 354 453 078.13
筹资活动产生的现金流量净额	262 446 921.87
四、汇率变动对现金的影响	
四（2）、其他原因对现金的影响	
五、现金及现金等价物净增加额	
期初现金及现金等价物余额	220 601 861.80
期末现金及现金等价物余额	219 791 758.45
附注：1. 将净利润调节为经营活动现金流量	
净利润	143 497 744.28
加：资产减值准备	3 276 757.94
固定资产折旧、油气资产折耗、生产性生物资产折旧	140 820 757.95
无形资产摊销	6 320 673.59
长期待摊费用摊销	57 442 269.96
处置固定资产、无形资产和其他长期资产的损失	997 503.34
固定资产报废损失	—
公允价值变动损失	
财务费用	96 271 753.60
投资损失	-738 342.61
递延所得税资产减少	1 542 689.41
递延所得税负债增加	-4 181 512.02
存货的减少	-28 443 280.17
经营性应收项目的减少	36 178 470.54
经营性应付项目的增加	30 658 592.83
其他	-52 624 551.84
经营活动产生的现金流量净额2	431 019 526.80
2. 不涉及现金收支的重大投资和筹资活动	
债务转为资本	—

续表

报告年度	2010-12-31
一年内到期的可转换公司债券	—
融资租入固定资产	—
3. 现金及现金等价物净变动情况	
现金的期末余额	219 791 758.45
减：现金的期初余额	220 601 861.80
加：现金等价物的期末余额	—
减：现金等价物的期初余额	—
加：其他原因对现金的影响2	—
现金及现金等价物净增加额	-810 103.35

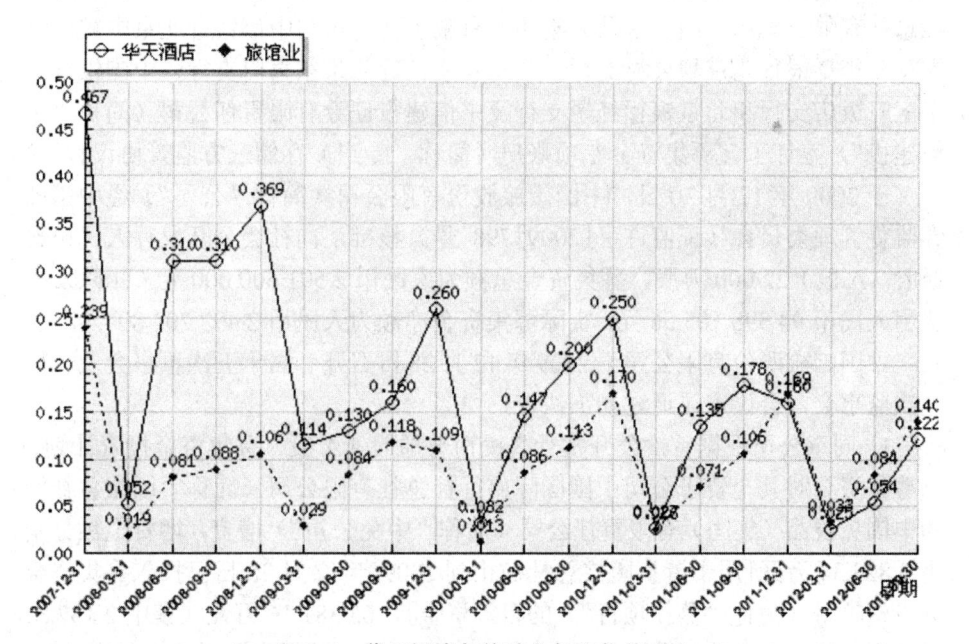

图3-1 华天酒店与旅馆业每股收益对比

案例二：股权融资——中国国旅（601888）

一、公司简介

中国国旅股份有限公司（以下简称"中国国旅"，英文全称：China International Travel Service Co. Ltd）是经国务院和国务院国资委批准，由中国国旅集团有限公司和华侨城集团公司共同发起设立的。中国国旅是集旅游服务及旅游商品相关项目的投资与管理，旅游服务配套设施的开发、改造与经营，旅游产业研究与咨询服务为一体的大型股份制企业，注册资本 8.8 亿元人民币。2009 年 10 月 15 日，中国国旅在上海证券交易所正式挂牌上市，标志着中国国旅正式登陆 A 股市场，翻开了中国国旅发展史上新的一页。"国旅·CITS"是中国驰名商标和海内外知名品牌，在 2011 年世界品牌实验室（WBL）公布的中国 500 最具价值品牌中，"国旅·CITS"以 196.68 亿元的品牌价值再度跻身中国 500 最具价值品牌，排名列第 48 名，在旅游服务类品牌中仍位居第一名。

中国国旅下属中国国际旅行社总社有限公司、中国免税品（集团）有限责任公司及国旅（北京）投资发展有限公司三大子公司，分别负责公司的旅行社业务、免税业务、旅游投资业务。

二、中国国旅融资事项

2009 年 10 月 20 日，中国国旅股份有限公司及其全资子公司中国国际旅行社总社有限公司和中国免税品（集团）有限责任公司与中信银行北京中粮广场支行、华夏银行北京魏公村支行、广东发展银行北京东直门支行、中国银行北京王府饭店支行和北京银行红星支行及中信建投证券有限责任公司（简称"中信建投"）签订了《募集资金专项账户（简称：专户）存储三方监管协议》。

于 2009 年 12 月 30 日，中国国旅股份有限公司（简称"公司"）经中国证券监督管理委员会（证监许可[2009]798 号）核准，向社会公开发行人民币普通股（A 股）22 000 万股，募集资金总额为人民币 2 591 600 000 元，扣除发行费用人民币 94 398 105.56 元，实际募集资金净额为人民币 2 497 201 894.44 元。

中国国旅股份有限公司于 2009 年 12 月 28 日召开一届十五次董事会及一届七次监事会，会议审议通过如下决议：

1. 同意公司根据首次公开发行人民币普通股（A 股）募集资金投资计划，以募集资金对其全资子公司中国国际旅行社总社有限公司（简称"国旅总社"）和中国免税品（集团）有限责任公司（简称"中免公司"）增资，增资金额分别为 9 823.34 万元[用于置换国旅总社截止到 2009 年 12 月 28 日已投入募集资金的投资项目（简称"募投项目"）的自筹资金]、65 381.16 万元（其中 2 137.35 万元用于置换中免公司截止到 2009 年 12 月 28 日已投入募投项目的自筹资金，63 243.81 万元将按募集资金投资计划用于拟实施的项目）。本次增资完成后，国旅总社、中免公司的注册资本将分别增至 41 037.3212 万元、110 000 万元。

2. 通过关于以募集资金置换预先投入自筹资金专项说明的议案：公司本次以募集资金置换截止到 2009 年 12 月 28 日预先投入募投项目的自筹资金 11 960.69 万元。

3. 同意公司使用总额为人民币 24 000 万元的闲置募集资金补充流动资金，

使用期限为自董事会审议通过之日起不超过6个月。

4. 同意公司独资组建国旅投资发展有限公司（暂定名），初步确定注册资本为人民币30 000万元。

5. 通过关于公司2010年投资计划及2010年预算（草案）的议案。该等事项尚需提交股东大会审议。

2010年12月18日，公司归还部分闲置募集资金人民币24 000万元。

2011年8月27日，中国国旅股份有限公司关于2011年上半年募集资金存放与实际使用情况的专项报告。

6. 募集资金基本情况。经中国证券监督管理委员会《关于核准中国国旅股份有限公司首次公开发行股票的批复》（证监许可[2009]798号）批准，公司于2009年9月23日首次公开发行人民币普通股（A股）22 000万股，根据利安达会计师事务所有限责任公司（简称"利安达会计师事务所"）出具的《验资报告》(利安达验字[2009]第1038号)，本次募集资金总额为人民币259 160万元，扣除发行费用后募集资金净额为249 720.19万元，上述资金于2009年9月28日存入公司募集资金专项账户中。截止到2011年6月30日，公司累计使用募集资金59 526.28万元，尚未使用的募集资金余额为195 863.24万元（含利息收入），募集资金专户余额为173 811.11万元，差异22 052.13万元为暂借补充流动资金。

三、财务计算

（一）关键数据

发行人民币普通股（A股）=22 000万股

募集资金总额=2 591 600 000元

扣除发行费用=94 398 105.56元

实际募集资金净额=2 497 201 894.44元

R_f=2009年国债利率=2.76%

R_m=2009年沪市行业平均收益率=6.88%

ß=0.74

行业ß=0.68

沪市ß=0.86

（二）计算

1. 资本资产定价模型

$$K_i = R_f + \beta_i(R_m - R_f)$$

$$=2.76\%+0.74\times（6.88\%-2.76\%）$$

=2.76%+0.74×4.12%

=2.76%+3.0488%

=5.8088%

2. 资本成本

资本成本=K_i-发行费用÷原始投资额

=5.8088%+94 398 105.56÷2 591 600 000

=5.8%+3.64%

=9.44%

四、案例分析

本案例的分析是为了复习股权融资的成本，公司发行股票的融资成本，通过股权融资成本计算得知此次股权融资的成本为 5.88%，如果考虑发行成本的情况下总的股权融资成本为 9.44%。

五、案例附表

表 3-4　2009 年资产负债表

会计年度	2009-12-31
货币资金	3 463 189 132.46
交易性金融资产	—
应收票据	—
应收账款	459 203 190.58
预付款项	124 110 798.69
其他应收款	62 706 110.48
应收关联公司款	—
应收利息	3 020 032.17
应收股利	749 216.15
存货	591 536 560.01
其中：消耗性生物资产	—
一年内到期的非流动资产	—
其他流动资产	824 129.28
流动资产合计	4 705 339 169.82
可供出售金融资产	1 660 158.72
持有至到期投资	—
长期应收款	—
长期股权投资	164 518 761.93

续表

会计年度	2009-12-31
投资性房地产	10 232 582.45
固定资产	455 836 965.65
在建工程	—
工程物资	—
固定资产清理	—
生产性生物资产	—
油气资产	—
无形资产	40 909 214.49
开发支出	—
商誉	1 089 162.74
长期待摊费用	48 653 259.21
递延所得税资产	31 305 898.60
其他非流动资产	39 815 083.01
非流动资产合计	794 021 086.80
资产总计	5 499 360 256.62
短期借款	195 000 000.00
交易性金融负债	—
应付票据	—
应付账款	663 806 805.24
预收款项	321 561 190.81
应付职工薪酬	50 570 816.67
应交税费	48 826 780.70
应付利息	306 888.76
应付股利	4 259 431.88
其他应付款	192 973 181.85
应付关联公司款	—
一年内到期的非流动负债	142 278.86
其他流动负债	—
流动负债合计	1 477 447 374.77
长期借款	—
应付债券	—
长期应付款	2 716 333.71

续表

会计年度	2009-12-31
专项应付款	—
预计负债	—
递延所得税负债	350 039.68
其他非流动负债	—
非流动负债合计	3 066 373.39
负债合计	1 480 513 748.16
实收资本（或股本）	880 000 000.00
资本公积	2 399 427 405.93
盈余公积	1 485 148.34
减：库存股	—
未分配利润	452 197 941.75
少数股东权益	313 584 595.45
外币报表折算价差	-27 848 583.01
非正常经营项目收益调整	—
归属母公司所有者权益（或股东权益）	3 705 261 913.01
所有者权益（或股东权益）合计	4 018 846 508.46
负债和所有者（或股东权益）合计	5 499 360 256.62

表 3-5　2009 年利润表

会计年度	2009-12-31
一、营业收入	6 064 505 605.62
减：营业成本	4 693 631 667.92
营业税金及附加	49 559 007.15
销售费用	474 822 086.98
管理费用	354 780 457.89
勘探费用	
财务费用	4 403 784.14
资产减值损失	10 261 616.25
加：公允价值变动净收益	—
投资收益	71 044 019.09
其中：对联营企业和合营企业的投资收益	70 679 876.18
影响营业利润的其他科目	

续表

会计年度	2009-12-31
二、营业利润	548 091 004.38
加：补贴收入	—
营业外收入	2 899 395.45
减：营业外支出	1 211 102.59
其中：非流动资产处置净损失	274 261.13
加：影响利润总额的其他科目	—
三、利润总额	549 779 297.24
减：所得税	113 528 527.91
加：影响净利润的其他科目	—
四、净利润	436 250 769.33
归属于母公司所有者的净利润	312 752 655.50
少数股东损益	123 498 113.83
五、每股收益	—
（一）基本每股收益	0.44
（二）稀释每股收益	0.44

表 3-6　2009 年现金流量表

报告年度	2009-12-31
一、经营活动产生的现金流量	
销售商品、提供劳务收到的现金	7 438 212 144.89
收到的税费返还	164 899.32
收到其他与经营活动有关的现金	244 384 195.31
经营活动现金流入小计	7 682 761 239.52
购买商品、接受劳务支付的现金	6 083 199 990.45
支付给职工以及为职工支付的现金	413 664 835.17
支付的各项税费	176 377 798.40
支付其他与经营活动有关的现金	847 978 119.45
经营活动现金流出小计	7 521 220 743.47
经营活动产生的现金流量净额	161 540 496.05
二、投资活动产生的现金流量	
收回投资收到的现金	5 123 817.04
取得投资收益收到的现金	53 223 107.77
处置固定资产、无形资产和其他长期资产收回的现金净额	11 977 676.23

续表

报告年度	2009-12-31
处置子公司及其他营业单位收到的现金净额	—
收到其他与投资活动有关的现金	26 233.11
投资活动现金流入小计	70 350 834.15
购建固定资产、无形资产和其他长期资产支付的现金	86 966 790.98
投资支付的现金	22 653 740.31
取得子公司及其他营业单位支付的现金净额	—
支付其他与投资活动有关的现金	—
投资活动现金流出小计	109 620 531.29
投资活动产生的现金流量净额	-39 269 697.14
三、筹资活动产生的现金流量	
吸收投资收到的现金	2 558 379 388.73
取得借款收到的现金	1 842 000 000.00
收到其他与筹资活动有关的现金	—
筹资活动现金流入小计	4 400 379 388.73
偿还债务支付的现金	2 091 295 421.35
分配股利、利润或偿付利息支付的现金	101 600 097.06
支付其他与筹资活动有关的现金	363 015.92
筹资活动现金流出小计	2 193 258 534.33
筹资活动产生的现金流量净额	2 207 120 854.40
四、汇率变动对现金的影响	
四（2）、其他原因对现金的影响	
五、现金及现金等价物净增加额	
期初现金及现金等价物余额	1 120 217 468.78
期末现金及现金等价物余额	3 450 860 677.03
附注：1. 将净利润调节为经营活动现金流量	
净利润	436 250 769.33
加：资产减值准备	10 261 616.25
固定资产折旧、油气资产折耗、生产性生物资产折旧	38 581 797.07
无形资产摊销	5 713 821.70
长期待摊费用摊销	11 205 649.17
处置固定资产、无形资产和其他长期资产的损失	-280 807.20
固定资产报废损失	-74 013.14

续表

报告年度	2009-12-31
公允价值变动损失	—
财务费用	14 674 427.38
投资损失	−71 044 019.09
递延所得税资产减少	2 767 472.03
递延所得税负债增加	—
存货的减少	−108 567 564.13
经营性应收项目的减少	−724 218.07
经营性应付项目的增加	−177 224 435.25
其他	—
经营活动产生的现金流量净额2	161 540 496.05
2. 不涉及现金收支的重大投资和筹资活动	
债务转为资本	—
一年内到期的可转换公司债券	—
融资租入固定资产	—
3. 现金及现金等价物净变动情况	
现金的期末余额	3 450 860 677.03
减：现金的期初余额	1 120 217 468.78
加：现金等价物的期末余额	—
减：现金等价物的期初余额	—
加：其他原因对现金的影响2	—
现金及现金等价物净增加额	2 330 643 208.25

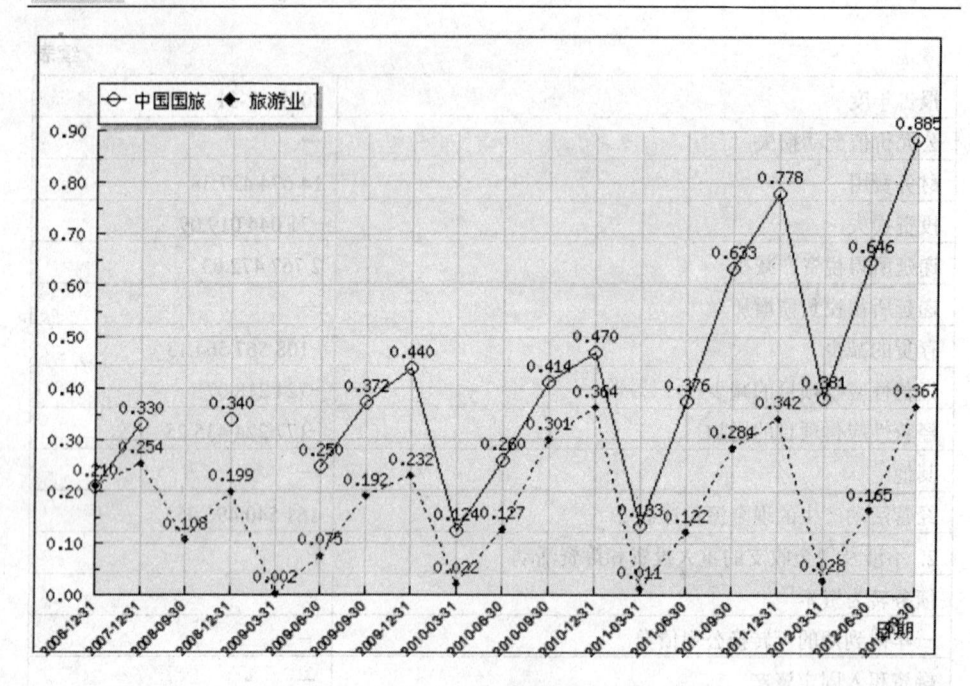

图 3-2　中国国旅与旅游业每股收益对比

案例三：股权融资——西藏旅游（600749）

一、公司简介

西藏旅游总公司又名西藏旅游股份有限公司，上市代码：600749，是由原西藏中国国际旅行社和西藏珠穆朗玛旅游有限公司组建而成，是西藏自治区成立最早、规模最大的国际旅行社。

旅行社下设总经理办公室、财务部、销售部、出境部、导游部、运输部、人事部及工会等部门，拥有一支经验丰富、训练有素的英、日、德、法、西班牙语导游的队伍，各种进口越野车、面包车 30 余辆。并分别在尼泊尔、中国香港、重庆设立办事处。该社与国内外多家旅行社、旅行商保持着广泛的业务往来，直接招徕、组织和接待海内外各界人士进藏旅游，并组织国内公民赴新、马、泰、中国港澳及世界各地观光旅游、商务考察、进香朝拜。现又推出十几条具有不同特色的旅游线路供游客选择；该社还可根据游客的要求，为游客编排各种旅行线路。旗下子公司有：西藏中国国际旅行社、西藏中国旅行社、西藏圣地旅游有限公司、西藏雅鲁藏布大峡谷开发有限公司。经营范围：旅游观光、徒步、特种旅游、探险活动的组织接待，旅游运输和旅游资源及旅游景点的开发利用，矿泉水的出口，机械设备、建材、体育用品的进口以及允许经营的其他边境贸易，生产和销售矿泉水、饮料，以及酒店服务、娱乐、酒吧、饮食、水上旅游运输等（以上经营范围中涉及专项审批的，由分公司经营）。

二、西藏旅游融资事项

2011年4月30日，西藏旅游股份有限公司向7名发行对象非公开发行境内上市人民币普通股（A股）24 137 931股，发行价格为14.50元/股，实际募集资金净额人民币330 029 999.55元。本次发行新增股份已于2011年4月28日办理了登记托管手续，该等股份自发行结束之日起12个月不得转让，预计可流通时间为2012年4月28日。

截止到2011年4月25日，西藏旅游实际已非公开发行人民币普通股24 137 931股，每股发行价格14.50元，募集资金总额人民币349 999 999.50元，扣除各项发行费用人民币19 969 999.95元，实际募集资金净额人民币330 029 999.55元。其中新增注册资本人民币24 137 931元，增加资本公积人民币305 892 068.55元。

于2011年6月30日，公司使用募集资金中的10 079 140.13元置换公司预先已投入募投项目的自筹资金。

募集资金基本情况。经中国证券监督管理委员会《关于核准西藏旅游股份有限公司非公开发行股票的批复》（证监许可[2011]518号）标准，公司于2011年4月非公开发行人民币普通股（A股）24 137 931股，每股面值1.00元，发行价格14.50元/股，募集资金总额为人民币349 999 999.50元，扣除相关发行费用人民币19 969 999.95元，公司本次非公开发行股票募集资金净额为人民币330 029 999.55元。该资金已于2011年4月25日存入公司募集资金专户。上述募集资金已经信永中和会计师事务所有限责任公司审验，并出具《验资报告》（XYZH/2010CDA5051号）。本次募集资金将用于"西藏阿里神山圣湖旅游开发项目一期工程"。

根据《上市公司证券发行管理办法》、《上市公司募集资金管理规定》以及《西藏旅游股份有限公司募集资金管理制度》（修订）的有关规定，公司对本次募集资金实施专户管理、专款专用。募集资金到位后，本公司即与保荐人及相关银行签订了《募集资金专户存储三方监管协议》，对募集资金实行专户存储。截至报告期末，公司已使用募集资金46 489 866.59元，募集资金专用账户余额283 797 750.29元（含募集资金存款利息）。

三、财务计算

（一）关键数据

普通股（A股）=24 137 931股

发行价格=14.50元/股

实际募集资金净额=330 029 999.55元

发行费用=19 969 999.95 元
R_f=2011 年国债利率=2.85%
R_m=2011 年沪市平均收益率=14.99%
ß=1.06
行业 ß=0.68
沪市 ß=0.86

（二）计算

1. 资本资产定价模型

$K_i = R_f + β_i (R_m - R_f)$
　　=2.85%+1.06×(14.99%-2.85%)
　　=2.85%+1.06×12.14%
　　=2.85%+12.8684%
　　=15.7184%

2. 资本成本

资本成本=K_i+发行费用÷原始投资额
　　　　=15.7184%+19 969 999.95÷330 029 999.55
　　　　=15.72%+6.05%
　　　　=21.77%

四、案例分析

本案例是股权融资的案例，但是此次融资主要是定向增发方式的股权融资。根据股权融资的计算方法，此次增发股权融资的成本为 15%。如果考虑发行费用的情况下，此次定向增发的融资成本大概在 21.77%。就当时市场的情况看，此次定向增发的成本的确不菲。

五、案例附表

表 3-7　2011 年资产负债表

会计年度	2011-12-31
货币资金	233 677 516.25
交易性金融资产	—
应收票据	1 000 000.00
应收账款	43 412 493.41
预付款项	28 574 986.47
其他应收款	45 956 935.13
应收关联公司款	—
应收利息	

续表

会计年度	2011-12-31
应收股利	—
存货	8 309 857.03
其中：消耗性生物资产	—
一年内到期的非流动资产	—
其他流动资产	5 100 000.00
流动资产合计	366 031 788.29
可供出售金融资产	—
持有至到期投资	—
长期应收款	—
长期股权投资	540 000.00
投资性房地产	—
固定资产	128 688 385.17
在建工程	189 168 164.73
工程物资	262 128.81
固定资产清理	—
生产性生物资产	—
油气资产	—
无形资产	276 223 539.69
开发支出	—
商誉	—
长期待摊费用	4 194 019.83
递延所得税资产	265 183.71
其他非流动资产	2 250 000.00
非流动资产合计	601 591 421.94
资产总计	967 623 210.23
短期借款	76 300 000.00
交易性金融负债	—
应付票据	—
应付账款	13 733 719.56
预收款项	667 066.29
应付职工薪酬	3 368 581.74
应交税费	9 599 588.52

续表

会计年度	2011-12-31
应付利息	11 309 828.75
应付股利	—
其他应付款	29 096 020.28
应付关联公司款	—
一年内到期的非流动负债	6 000 000.00
其他流动负债	—
流动负债合计	150 074 805.14
长期借款	162 000 000.00
应付债券	—
长期应付款	—
专项应付款	—
预计负债	—
递延所得税负债	—
其他非流动负债	—
非流动负债合计	162 000 000.00
负债合计	312 074 805.14
实收资本（或股本）	189 137 931.00
资本公积	435 557 284.35
盈余公积	—
减：库存股	—
未分配利润	19 555 146.04
少数股东权益	11 298 043.70
外币报表折算价差	—
非正常经营项目收益调整	—
归属母公司所有者权益（或股东权益）	644 250 361.39
所有者权益（或股东权益）合计	655 548 405.09
负债和所有者（或股东权益）合计	967 623 210.23

表 3-8　2011 年利润表

会计年度	2011-12-31
一、营业收入	202 238 356.33
减：营业成本	103 070 245.15

续表

会计年度	2011-12-31
营业税金及附加	7 441 299.02
销售费用	30 138 152.15
管理费用	36 103 258.80
勘探费用	—
财务费用	9 775 007.42
资产减值损失	2 517 862.14
加：公允价值变动净收益	—
投资收益	-1 421 641.07
其中：对联营企业和合营企业的投资收益	—
影响营业利润的其他科目	—
二、营业利润	11 770 890.58
加：补贴收入	—
营业外收入	2 164 256.45
减：营业外支出	1 600 951.04
其中：非流动资产处置净损失	245 957.17
加：影响利润总额的其他科目	—
三、利润总额	12 334 195.99
减：所得税	1 581 073.89
加：影响净利润的其他科目	—
四、净利润	10 753 122.10
归属于母公司所有者的净利润	10 670 068.78
少数股东损益	83 053.32
五、每股收益	—
（一）基本每股收益	0.06
（二）稀释每股收益	0.06

表3-9　2011年现金流量表

报告年度	2011-12-31
一、经营活动产生的现金流量	
销售商品、提供劳务收到的现金	165 731 963.18
收到的税费返还	—
收到其他与经营活动有关的现金	3 484 524.70

续表

报告年度	2011-12-31
经营活动现金流入小计	169 216 487.88
购买商品、接受劳务支付的现金	63 465 429.65
支付给职工以及为职工支付的现金	26 133 201.69
支付的各项税费	5 841 568.69
支付其他与经营活动有关的现金	38 705 473.89
经营活动现金流出小计	134 145 673.92
经营活动产生的现金流量净额	35 070 813.96
二、投资活动产生的现金流量	
收回投资收到的现金	—
取得投资收益收到的现金	—
处置固定资产、无形资产和其他长期资产收回的现金净额	87 816.75
处置子公司及其他营业单位收到的现金净额	—
收到其他与投资活动有关的现金	—
投资活动现金流入小计	87 816.75
购建固定资产、无形资产和其他长期资产支付的现金	213 915 883.37
投资支付的现金	2 960 217.10
取得子公司及其他营业单位支付的现金净额	—
支付其他与投资活动有关的现金	5 100 000.00
投资活动现金流出小计	221 976 100.47
投资活动产生的现金流量净额	−221 888 283.72
三、筹资活动产生的现金流量	
吸收投资收到的现金	331 229 999.55
取得借款收到的现金	60 000 000.00
收到其他与筹资活动有关的现金	—
筹资活动现金流入小计	391 229 999.55
偿还债务支付的现金	37 000 000.00
分配股利、利润或偿付利息支付的现金	10 767 758.35
支付其他与筹资活动有关的现金	—
筹资活动现金流出小计	47 767 758.35
筹资活动产生的现金流量净额	343 462 241.20
四、汇率变动对现金的影响	
四（2）、其他原因对现金的影响	

续表

报告年度	2011-12-31
五、现金及现金等价物净增加额	
期初现金及现金等价物余额	77 032 744.81
期末现金及现金等价物余额	233 677 516.25
附注：1. 将净利润调节为经营活动现金流量	
净利润	10 753 122.10
加：资产减值准备	2 517 862.14
固定资产折旧、油气资产折耗、生产性生物资产折旧	10 462 907.68
无形资产摊销	7 705 332.55
长期待摊费用摊销	1 307 042.30
处置固定资产、无形资产和其他长期资产的损失	166 290.42
固定资产报废损失	—
公允价值变动损失	—
财务费用	11 020 703.82
投资损失	1 421 641.07
递延所得税资产减少	—
递延所得税负债增加	—
存货的减少	-754 929.30
经营性应收项目的减少	-368 434.44
经营性应付项目的增加	-9 160 724.38
其他	—
经营活动产生的现金流量净额2	35 070 813.96
2. 不涉及现金收支的重大投资和筹资活动	
债务转为资本	—
一年内到期的可转换公司债券	—
融资租入固定资产	—
3. 现金及现金等价物净变动情况	
现金的期末余额	233 677 516.25
减：现金的期初余额	77 032 744.81
加：现金等价物的期末余额	—
减：现金等价物的期初余额	—
加：其他原因对现金的影响2	—
现金及现金等价物净增加额	156 644 771.44

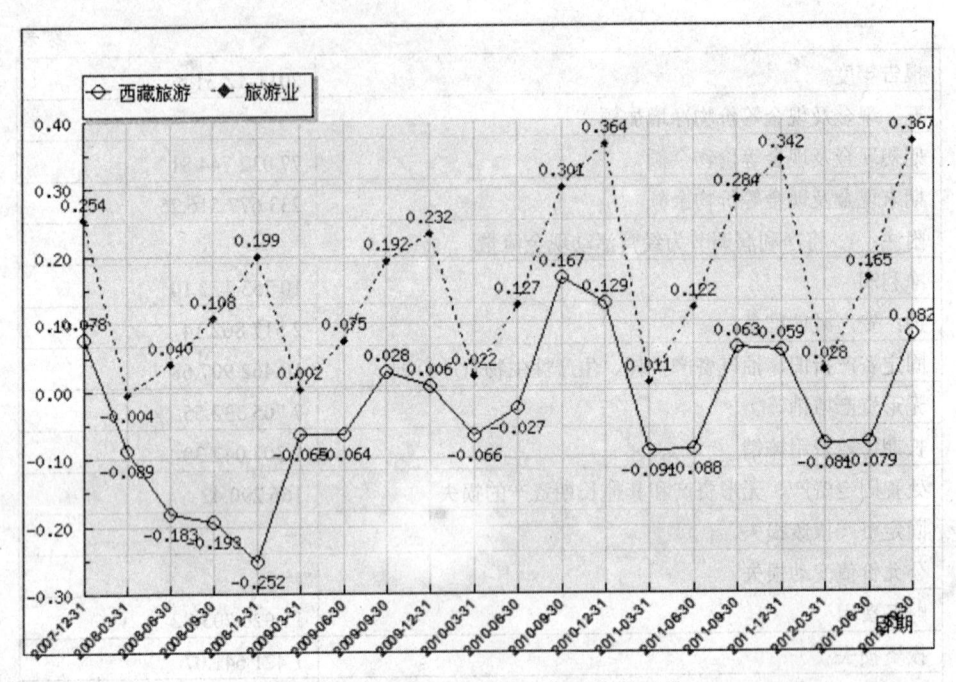

图 3-3　西藏旅游与旅游业每股收益对比

第四章 应收账款

第一节 应收账款

一、应收账款概述

应收账款（Receivables）是指该账户核算企业因销售商品、材料、提供劳务等，应向购货单位收取的款项，以及代垫运杂费和承兑到期而未能收到款的商业承兑汇票。应收账款是伴随企业的销售行为而形成的一项债权。因此，应收账款的确认与收入的确认密切相关。通常在确认收入的同时，确认应收账款。该账户按不同的购货或接受劳务的单位设置明细账户进行明细核算。

二、应收账款的范围

应收账款是有特定的范围的。首先，应收账款是指因销售活动或提供劳务而形成的债权，不包括应收职工欠款、应收债务人的利息等其他应收款；其次，应收账款是指流动资产性质的债权，不包括长期的债权，如购买长期债券等；最后，应收账款是指本公司应收客户的款项，不包括本公司付出的各类存储保证金，如投标保证金和租入包装物等保证金。

三、应收账款的作用

应收账款的作用是指它在生产经营中的作用。应收账款的发生意味着企业有一部分资金被客户占用，同时企业持有应收账款也是有成本的。既然如此，企业为什么愿意持有应收账款呢？主要是因为应收账款有以下两个功能：

1. 增加销售的作用

商业竞争是应收账款产生的直接原因。市场竞争激烈时，信用销售是促进销售的一种重要方式。信用销售实际是向顾客提供了两项交易：销售产品和在一定时期内提供资金。在卖方市场条件下，产品供不应求，企业没有必要采用信用销售而持有应收账款。只有当市场经济发展到一定程度并且市场转变为买方市时，各行各业才会为了扩大市场占有率和增加销售收入而采用信用销售的方式。信用销售方式能够吸引客户的原因主要有以下两点：首先，在银根紧缩、市场疲软和资金匮乏的情况下，客户总是希望通过赊欠方式得到需要的材料物资和劳务。其次，许多客户希望保留一段时间的支付期以检验商品和复核单据。因此，在市场竞争激烈的情况下，如果某家企业不采用商业信用销售方式，那么市场就会萎缩，销售收入和利润就会减少，最终可能导致企业亏损甚至倒闭。

2. 减少存货的作用

在大部分情况下，企业持有应收账款比持有存货更有优势。（1）从财务角度看，应收账款和存货都属于流动资产，但两者的性质是不同的。正常情况下，应收账款是一种可以确认为收入的债权，而存货除占用一部分资金外，其持有成本相对较高，如储存费用、保险费用、管理费用等。（2）从生产的目的来看，产品售出并因此获得利润是生产的目的，将生产出来的产品放在仓库里而未实现销售有违企业建立的目的。（3）从资信评级的角度看，存货的流动性要比应收账款差得多，虽然财务人员在计算流动比率时将存货和应收账款一视同仁，但在计算速动比率时将存货予以扣除。

四、应收账款的管理方法

企业应收账款的管理包括建立应收账款核算办法、确定最佳应收账款的机会成本、制定科学合理的信用政策、严格赊销手续管理、采取灵活的营销策略和收账政策、加强应收账款的日常管理等内容。

（一）重视信用调查

对客户的信用调查是应收账款日常管理的重要内容。企业可以通过查阅客户的财务报表，或根据银行提供的客户的信用资料了解客户改造偿债义务的信誉、偿债能力、资本保障程度、是否有充足的抵押品或担保，以及生产经营等方面的情况，进而确定客户的信用等级，作为决定是否向客户提供信用的依据。

（二）控制赊销额度

控制赊销额是加强应收账款日常管理的重要手段，企业根据客户的信用等级确定赊销额度，对不同等级的客户给予不同的赊销限额，必须将累计额严格控制在企业所能接受的风险范围内。为了便于日常控制，企业要把已经确定的赊销额度记录在每个客户应收账款明细账上，作为金额余额控制的警戒点。

（三）合理的收款策略

应收账款的收账策略是确保应收账款返回的有效措施，当客户违反信用时，企业就应采取有力措施催收账款，如这些措施都无效，则可诉诸法院，通过法律途径来解决。但是，轻易不要采用法律手段，否则将失去该客户。

除了以上几个方面的管理以外，对于已经发生的应收账款，还有一些措施，如应收账款追踪分析、应收账款账龄分析、应收账款收现率分析和建立应收账款坏账准备制度，也属企业应收账款管理的重要环节。

赊销企业在收账之前，应对应收账款的运行过程进行追踪分析。经销商能否严格履行赊销企业的信用条件，取决于两个因素：其一，经销商的信用品质；其二，客户现金的持有量与调剂度（如现金用途的约束性，其他短期债务偿还对现金的要求等）。如果客户的信用品质良好，持有一定的现金金额，且现金支出的约束性较少，可调剂程度较大，客户大多是不愿以损失市场信誉为代价而拖欠企业货款的。如果客户信用品质不佳或者现金缺乏，或者现金的调剂程度低下，那么赊销企业的拖欠账款也就在所难免。

在对应收账款进行追踪分析的基础上，还要进行应收账款账龄分析。一般来讲，逾期拖欠时间越长，账款催收的难度越大，成为坏账的可能性也就越高。应收账款账龄分析就是考察研究应收账款的账龄结构，所谓应收账款的账龄结构，是诸多应收账款的余额占应收账款总计余额的比重，账款的使用时间越短，收回的可能性越大，亦即发生坏账损失的程度相对越小；反之，收回的难度及发生坏账损失的可能性也就越大。因此，对不同拖欠时间的账款及不同信用品质的客户，企业就采取不同的收账方法，制定出不同的经济可行的收账政策、收账方案，对可能发生的坏账损失，需提前有所准备，充分估计这一因素对企业损益的影响。对尚未过期的应收账款，也不能放松管理与监督，以防发生新的拖欠。

由于企业当期现金支付需要量与当期应收账款收现额之间存在着非对称性矛盾，并呈现出预付性与滞后性的差异特征（如企业必须用现金支付与赊销收入有关的增值税和所得税，弥补应收账款资金占用等），这就决定了企业必须以应收账款收现程度作为一个必要的控制标准，即应收账款收现保证率。应收账款收现保证率是为适应企业现金收支匹配关系的需要，所确定出的有效收现的账款占全部应收账款的百分比，是二者应当保持的最低比例。应收账款收现保证率指标反映既定会计期间逾期现金支付数量扣除各种可靠、稳定性来源后的差额，必须通过应收账款有效收现予以弥补的最低保证程度。其意义在于：应收账款未来是否可能发生坏账损失对企业并非最为重要，更关键的是实际收现的账项能否满足同期必须的现金支付要求，特别是满足具有约束性的纳税债务及偿付不得延期或调整的到期债务。企业应定期计算应收账款实际收现率，看其是否达到了既定的控制标准，如果发现实际收现率低于应收账款收现保证率，应查明原因，采取相应措施，确保企业有足够的现金满足同期的现金支付要求。

无论企业采取怎样严格的信用政策，只要存在着商业信用行为，坏账损失的发生都是不可避免的。一般来说，确定坏账损失的标准主要有两条：

一是因债务人破产或死亡，以其破产财产或遗产清偿后，仍不能收回的应收款项。

二是债务人逾期未履行偿债义务，且有明显特征表明无法收回。企业的应收账款只要符合上述任何一个条件，均可作为坏账损失处理。需要注意的是，当企业的应收账款按照第二个条件已经作为坏账损失后，并非意味着企业放弃了对该项应收账款的索取权。实际上，企业仍然拥有继续收款的法定权利，企业与欠款人之间的债权债务关系不会因为企业已作坏账处理而解除。既然应收账款的坏账损失无法避免，因此，遵循谨慎性原则，对坏账损失的可能性预先进行估计，并建立弥补坏账损失的准备制度，即提取坏账准备金就显得极为重要。对确实收不回的应收账款，在取得有关方面的证明并按照规定的程序批准后，列作坏账损失处理，因债务人逾期未履行偿债义务超过3年仍不能收回的应收账款也列作坏账损失，冲减坏账准备金。

五、应收账款日常管理方法

应收账款日常管理方法伴随着市场经济的发展、商业信用的推行，企业应收账款数额明显增多，对应收账款的管理已经成为企业经营活动中的重要问题。

（一）应收账款的跟踪评价

应收账款一旦形成，企业就必须考虑如何按时足额收回欠款而不是消极地等待对方付款，应该经常对所持有的应收账款进行动态跟踪分析。加强日常监督和管理，要及时了解赊销者的经营情况、偿付能力，以及客户的现金持有量与调剂程度能否满足兑现的需要，必要时企业可要求客户提供担保。

（二）加强销售人员的回款管理

销售人员应具有以下习惯：货款回收期限前一周，电话通知或拜访客户，告知其结款日期；回收期限前三天与客户确定结款日期；结款日当天一定按时通知或前往拜访。企业在制定营销政策时，应将应收账款的管理纳入对销售人员考核的项目之中，即个人利益不仅要和销售挂钩，也要和应收账款的管理联系在一起。

（三）定期对账，加强应收账款的催收力度

要形成定期的对账制度，每隔三个月或半年就必须同客户核对一次账目，

并对因产品品种、回款期限、退换货等原因导致单据、金额等方面出现的误差进行核实。对过期的应收账款，应按其拖欠的时间及金额进行分析，确定优先收账的对象。同时应分清债务人拖延还款是否属故意拖欠，对故意拖欠的应考虑通过法律途径加以追讨。

（四）控制应收账款发生，降低企业资金风险

在购销活动中，要尽可能地减少赊销业务。一般宁可采取降价销售，也不要选择大额的赊销。企业可选择：购货方承兑汇票支付方案、货款回收担保方案及应收账款风险比较选择方案。总之，要尽量压缩应收账款发生的频率与额度，降低企业资金风险。一般情况下应要求客户还清前欠款项后，才允许有新的赊欠，如果发现欠款过期未还或欠款额度加大，企业应果断采取措施，通知有关部门停止供货。

（五）计提减值准备，控制企业风险成本

按照现行会计准则和会计制度的规定，企业根据谨慎性原则的要求，应当在期末或年终对应收账款和存货进行检查，合理地预计可能发生的损失，对可能发生的各项资产损失计提减值准备和坏账损失，以减少企业风险成本。

（六）建立健全公司机构内部监控制度

完善的内部控制制度是控制坏账的基本前提，其内容应包括：建立销售合同责任制，即对每项销售都应签订销售合同，并在合同中对有关付款条件作明确的说明；设立赊销审批职能权限，企业内部规定业务员、业务主管可批准的赊销额度，限额以上须经领导人审批的职级管理制度；建立货款和货款回笼责任制，可采取谁销售谁负责收款，并据以考核其工作绩效。总之，企业应针对应收账款在赊销业务中的每一个环节，健全应收账款的内部控制制度，努力形成一整套规范化的应收账款的事前、事中、事后控制程序。

六、应收账款周转率

公司的应收账款在流动资产中具有举足轻重的地位。公司的应收账款如能及时收回，公司的资金使用效率便能大幅提高。应收账款周转率就是反映公司应收账款周转速度的比率。它说明一定期间内公司应收账款转为现金的平均次数。用时间表示的应收账款周转速度为应收账款周转天数，也称平均应收账款回收期或平均收现期。它表示公司从获得应收账款的权利到收回款项、变成现金所需要的时间。

应收账款周转率＝营业收入/应收账款平均余额

其中：应收账款平均余额＝(期初应收账款+期末应收账款)/2

应收账款周转天数＝计算期天数/应收账款周转率

或：应收账款周转天数=(应收账款平均余额×计算天数)/营业收入

一般来说，应收账款周转率越高越好，表明公司收账速度快，平均收账期短，坏账损失少，资产流动快，偿债能力强。与之相对应，应收账款周转天数则是越短越好。如果公司实际收回账款的天数超过了公司规定的应收账款天数，则说明债务人拖欠时间长、资信度低，增大了发生坏账损失的风险；同时也说明公司催收账款不力，使资产形成了呆账甚至坏账，造成了流动资产不流动，这对公司正常的生产经营是很不利的。但从另一方面说，如果公司的应收账款周转天数太短，则表明公司奉行较紧的信用政策，付款条件过于苛刻，这样会限制企业销售量的扩大，特别是当这种限制的代价（机会收益）大于赊销成本时，会影响企业的盈利水平。

有一些因素会影响应收账款周转率和周转天数计算的正确性。首先，由于公司生产经营的季节性原因，使应收账款周转率不能正确反映公司销售的实际情况。其次，某些上市公司在产品销售过程中大量使用分期付款方式。再次，有些公司采取大量收取现金方式进行销售。最后，有些公司年末销售量大增或年末销售量下降。这些因素都会对应收账款周转率或周转天数造成很大的影响。投资者在分析这两个指标时应将公司本期指标和公司前期指标、行业平均水平或其他类似公司的指标相比较，判断该指标的高低。

第二节 公司案例

案 例：峨眉山A（000888）

一、公司介绍

本公司是由峨眉山旅游总公司、乐山市红珠山宾馆共同发起并公开发行社会公众股，以募集方式设立的股份有限公司。

峨眉山旅游总公司以其下属的峨眉山索道公司、峨眉山大酒店、风景区游山票收费站的全部资产、水电综合开发公司部分经营性资产及总公司拥有的峨眉山万年索道有限公司70%的权益作为发起人的出资，投入本公司；红珠山宾馆以其下属的贵宾楼及附属文娱活动中心作为投入本公司的资产。

二、经营范围

主营：游山票、索道运输、住宿、餐饮、娱乐服务、汽车客运、旅行社以及旅游商品开发、水电与旅游资源开发等。

兼营：旅游纪念品、食品、饮料、烟草、五金交电、化工、药品及医疗器械、中药材、百货、日用杂品、针绵织品、文体办公用品、图书报刊、音像制品、金银饰品、工艺美术品、农副产品加工、彩扩摄影、图文广告、居民服务业、建筑装饰业、印刷业、计算机应用服务、文化艺术、医疗保健、体育健身、运动休闲、网吧、出租、租赁服务、物业管理、园林绿化、洗染、供热、供气、建筑材料、自来水生产和供应、电力、通信线路、给排水及供热等管道安排。

三、相关数据

表 4-1 2007~2011 货币资金与应收账款明细表

年份	2007	2008	2009	2010	2011
货币资金	117 671 820.36	89 019 663.01	88 748 849.58	207 404 332.16	261 502 556.53
应收账款	6 201 426.68	8 609 042.07	7 503 225.84	9 661 770.94	8 900 595.33

表 4-2 2007~2011 应收账款明细表

应收账款分析（营业收入/应收账款平均余额）；（360/应收账款周转率）					
	2007	2008	2009	2010	2011
营业收入	465 927 968.57	394 316 870.95	603 899 525.34	735 733 062.40	907 654 787.97
应收账款	6 201 426.68	8 609 042.07	7 503 225.84	9 661 770.94	8 900 595.33
应收账款周转率	75.13	45.80	80.49	76.15	101.98
应收账款回收期（天）	4.79	7.86	4.47	4.73	3.53

四、应收账款计算

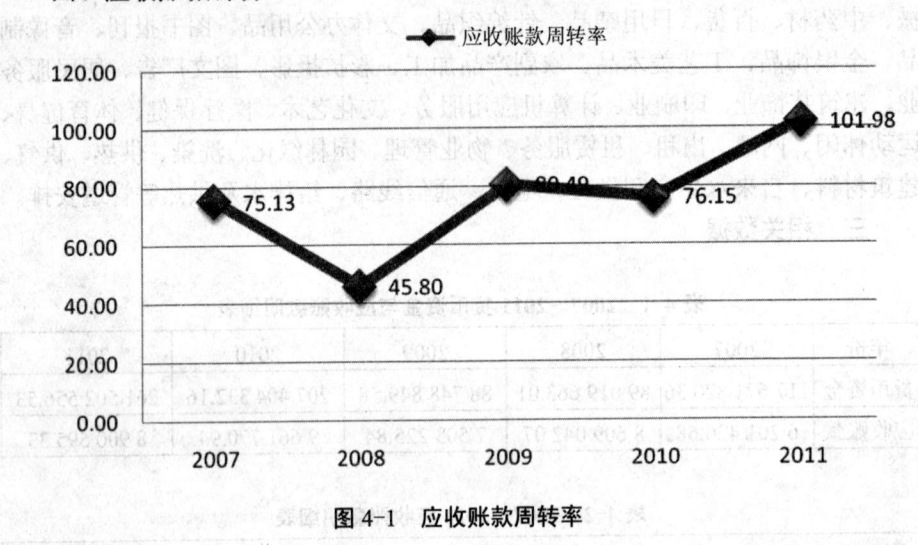

图4-1 应收账款周转率

数据点:2007年 75.13;2008年 45.80;2009年 80.49;2010年 76.15;2011年 101.98

五、案例分析

本案例主要分析应收账款的管理,我们使用的指标主要有两个:一个指标是常用的应收账款周转率,应收账款周转率主要是应收账款占营业收入的比例,可以实际反映企业的销售收入与应收账款关系。另一个是峨眉山作为景区景点类型的公司,在应收账款的管理上比较平稳,主营业务收入稳定。更多的应收账款的管理效果主要与行业的对比和行业内公司的比较。但是就目前分析的结果,由于主营业务收入稳定性,应收账款的管理与经营绩效有紧密的关系。应收账款的波动也是企业经营管理的稳定性的表现。

六、案例附表

表4-3 峨眉山A(000888)资产减值准备明细表

表日期	2011/12/31	2010/12/31	2009/12/31	2008/12/31	2007/12/31
一、坏账准备合计	5 046 830.00元	4 966 070.00元	4 389 630.00元	4 064 760.00元	3 786 930.00元
其中:应收账款	—	—	—	—	—
其他应收款	—	—	—	—	—
二、短期投资跌价准备合计	—	—	—	—	—
其中:股票投资					
债券投资					
三、存货跌价准备合计	—	—	323 827.00元	323 827.00元	323 827.00元
其中:库存商品					
原材料					

物料用品	—	—	—	—	—
低值易耗品	—	—	—	—	—
四、可供出售金融资产减值准备	—	—	—	—	—
五、长期投资减值准备合计	315 482.00元	315 482.00元	200 000.00元	200 000.00元	200 000.00元
其中：长期股权投资减值准备	315 482.00元	315 482.00元	—	200 000.00元	200 000.00元
持有至到期投资减值准备	—	—	—	—	—
六、投资性房地产减值准备	—	—	—	—	—
七、固定资产减值准备合计	1 793 300.00元	1 793 300.00元	1 793 300.00元	2 239 710.00元	2 239 710.00元
其中：房屋、建筑物	—	—	—	—	—
机器设备	—	—	—	—	—
八、工程物资减值准备	—	—	—	—	—
九、在建工程减值准备	337 660.00元	337 660.00元	337 660.00元	337 660.00元	337 660.00元
十、生产性生物资产减值准备	—	—	—	—	—
其中：成熟生产性生物资产减值准备	—	—	—	—	—
十一、油气资产减值准备	—	—	—	—	—
十二、无形资产减值准备合计	—	—	—	—	—
其中：专利权	—	—	—	—	—
商标权	—	—	—	—	—
十三、商誉减值准备	188 215.00元	188 215.00元	188 215.00元	188 215.00元	188 215.00元
十四、委托贷款减值准备合计	—	—	—	—	—
其中：短期	—	—	—	—	—
长期	—	—	—	—	—
十五、其他	—	—	—	—	—
合计	7 681 490.00元	7 600 730.00元	7 232 630.00元	7 354 170.00元	7 076 340.00元

第五章 现金流量表

第一节 现金流量

现金流量是现代理财学中的一个重要概念，是指企业在一定会计期间按照现金收付实现制，通过一定的经济活动（包括经营活动、投资活动、筹资活动和非经常性项目）而产生的现金流入、现金流出及其总量情况的总称，即企业一定时期的现金和现金等价物的流入和流出的数量。

一、现金流量的定义

现金流量（Cash Flow）管理是现代企业理财活动的一项重要职能，建立完善的现金流量管理体系，是确保企业的生存与发展、提高企业市场竞争力的重要保障。

工程经济中的现金流量是拟建项目在整个项目计算期内各个时点上实际发生的现金流入、流出以及流入和流出的差额（又称净现金流量）。现金流量一般以计息周期（年、季、月等）为时间量的单位，用现金流量图或现金流量表来表示。

现金流量管理中的现金，不是我们通常所理解的手持现金，而是指企业的库存现金和银行存款，还包括现金等价物，即企业持有的期限短、流动性强、容易转换为已知金额现金、价值变动风险很小的投资等。它包括现金、可以随时用于支付的银行存款和其他货币资金。

一项投资被确认为现金等价物必须同时具备四个条件：期限短、流动性强、易于转换为已知金额现金、价值改动风险小。

二、现金流量的分类

在现金流量表中，将现金流量分为三大类：经营活动现金流量、投资活动现金流量和筹资活动现金流量。

（一）经营活动现金流量

经营活动是指企业直接进行产品生产、商品销售或劳务提供的活动，它们是企业取得净收益的主要交易和事项。从经营活动的定义可以看出，经营活动的范围很广，它包括除投资活动和筹资活动以外的所有交易和事项。对于工商企业而言，经营活动主要包括：销售商品、提供劳务、购买商品、接受劳务、支付税费等。

一般来说，经营活动产生的现金流入项目主要有：销售商品、提供劳务收到的现金，收到的税费返还，收到的其他与经营活动有关的现金；经营活动产生的现金流出项目主要有：购买商品、接受劳务支付的现金，支付给职工以及为职工支付的现金，支付的各项税费，支付的其他与经营活动有关的现金。

各类企业由于行业特点不同，对经营活动的认定存在一定差异，在编制现金流量表时，应根据企业的实际情况，对现金流量进行合理的归类。

（二）投资活动现金流量

投资活动是指长期资产的购建和不包括现金等价物范围内的投资及其处置活动。

其中，长期资产是指固定资产、无形资产、在建工程、其他资产等持有期限在一年或一个营业周期以上的资产。

需要注意的是，这里所讲的投资活动，既包括实物资产投资，也包括金融资产投资，它与《企业会计准则——投资》所讲的"投资"是两个不同的概念。"投资"是指企业为通过分配来增加财富，或为谋求其他利益，而将资产让渡给其他单位所获得的另一项资产。购建固定资产不是"投资"，但属于投资活动。

这里之所以将"包括在现金等价物范围内的投资"排除在外，是因为已经将包括在现金等价物范围内的投资视同现金。

一般来说，投资活动产生的现金流入项目主要有：收回投资所收到的现金，取得投资收益所收到的现金，处置固定资产、无形资产和其他长期资产所收回的现金净额，收到的其他与投资活动有关的现金；投资活动产生的现金流出项目主要有：购建固定资产、无形资产和其他长期资产所支付的现金，投资所支付的现金，支付的其他与投资活动有关的现金。

（三）筹资活动现金流量

筹资活动是指导致企业资本及债务规模和构成发生变化的活动。

这里所说的资本，既包括实收资本（股本），也包括资本溢价（股本溢价）；这里所说的债务，是指对外举债，包括向银行借款、发行债券以及偿还债务等。应付账款、应付票据等商业应付款属于经营活动，不属于筹资活动。

一般来说，筹资活动产生的现金流入项目主要有：吸收投资所收到的现金，取得借款所收到的现金，收到的其他与筹资活动有关的现金；筹资活动产生的现金流出项目主要有：偿还债务所支付的现金，分配股利、利润或偿付利息所支付的现金，支付的其他与筹资活动有关的现金。

现金流量表按照经营活动、投资活动和筹资活动进行分类报告，目的是便于报表使用人了解各类活动对企业财务状况的影响，以及估量未来的现金流量。

在上述划分的基础上，又将每大类活动的现金流量分为现金流入量和现金流出量两类，即经营活动现金流入、经营活动现金流出；投资活动现金流入、投资活动现金流出；筹资活动现金流入、筹资活动现金流出。

三、现金流量的分析

现金流量分析具有以下作用：
1. 对获取现金的能力做出评价；
2. 对偿债能力做出评价；
3. 对收益的质量做出评价；
4. 对投资活动和筹资活动做出评价。

四、现金流量的重要性

现金流量按其来源性质不同分为三类：经营活动产生的现金流量、投资活动产生的现金流量和筹资活动产生的现金流量。现金流量即是指企业在一定会计期间以收付实现制为基础，通过一定经济活动（如经营活动、投资活动、筹资活动和非经营性项目）而产生的现金流入、现金流出及其差量情况的总称。

在现代企业的发展过程中，决定企业兴衰存亡的是现金流，最能反映企业本质的是现金流，在众多价值评价指标中基于现金流的评价是最具权威性的。

现金流量比传统的利润指标更能说明企业的盈利质量。首先，针对利用增加投资收益等非营业活动操纵利润的缺陷，现金流量只计算营业利润而将非经常性收益剔除在外。其次，会计利润是按照权责发生制确定的，可以通过虚假销售、提前确认销售、扩大赊销范围或者关联交易调节利润，而现金流量是根据收付实现制确定的，上述调节利润的方法无法取得现金，因而不能增加现金流量。可见，现金流量指标可以弥补利润指标在反映公司真实盈利能力上的缺陷。美国安然（Enron）公司破产以及在新加坡上市的亚洲金光纸业（APP）沦为垃圾公司的一个重要原因就是现金流量恶化，只有那些能迅速转化为现金的收益才是货真价实的利润。对高收益低现金流的公司，特别要注意的是有些公司的收益可能是通过一次性的方式取得的，而且只是通过会计科目的调整实现的，并没有收到现金，这样的公司很可能存在未来业绩急剧下滑的风险。

五、现金流量的影响因素

现金流量是指企业某一期间内的现金流入和流出的数量。例如，销售商品、提供劳务、出售固定资产、收回投资、借入资金等，形成企业的现金流入；购买商品、接受劳务、购建固定资产、现金投资、偿还债务等，形成企业的现金流出。衡量企业经营状况是否良好，是否有足够的现金偿还债务，资产的变现能力等，现金流量是非常重要的指标。企业日常经营业务是影响现金流量的重要因素，但并不是所有的经营业务都影响现金流量。影响或不影响现金流量的因素主要包括：

1. 现金各项目之间的增减变动，不会影响现金流量净额的变动。例如，从银行提取现金、将现金存入银行、用现金购买两个月到期的债券等，均属于现金各项目之间内部资金转换，不会使现金流量增加或减少。

2. 非现金各项目之间的增减变动，也不会影响现金流量净额的变动。例如，用固定资产清偿债务、用原材料对外投资、用存货清偿债务、用固定资产对外投资等，均属于非现金各项目之间的增减变动，不涉及现金的收支，不会使现金流量增加或减少。

3. 现金各项目与非现金各项目之间的增减变动，会影响现金流量净额的变动。例如，用现金支付购买的原材料、用现金对外投资、收回长期债券等，均涉及现金各项目与非现金各项目之间的增减变动，这些变动会引起现金流入或现金流出。

第二节 现金流量对企业理财的影响

一、对企业筹资决策的影响

企业筹集资金额根据实际生产经营需要，通过现金流量表，可以确定企业筹资总额。一般来说，企业财务状况越好，现金净流量越多，所需资金越少；反之，财务状况越差，现金净流量越少，所需资金越多。

二、对企业投资决策的影响

现金流量是企业评价项目可行性的主要指标，投资项目可行性评价方法有动态法和静态法，动态法以资金成本为折现率，进行现金流量折现，若现金净流量大于 0 或现值指数大于 1，则说明该投资项目可以接受，反之该投资项目不可行。静态法投资项目的回收期即原始投资额除以每年现金净流量，若小于预计的回收期，则投资方案可行；否则，投资方案不可行。

三、对企业资信的影响

企业现金流量正常、充足、稳定，能支付到期的所有债务，公司资金运作有序，不确定性越少，企业风险小，企业资信越高；反之，企业资信差，风险大，银行信誉差，很难争取到银行支持。因此，现金流量决定企业资信。

四、对企业盈利水平的影响

现金是一项极为特殊的资产，具体表现为：

1. 流动性最强，可以衡量企业短期偿债能力和应变能力。
2. 现金本身获利能力低下，只能产生少量利息收入，相反由于过高的现金存量会造成企业损失机会成本的可能，因此合理的现金流量是既能满足需求，又不过多积囤资金，这需要理财人员对资金流动性和收益性之间做出权衡，寻求不同时期的最佳资金平衡点，有效组织现金流量及流速以满足偶然发生资金需要及投资机会的能力。

五、对企业价值的影响

在有效资本市场中，企业价值的大小在很大程度上取决于投资者对企业资产如股票等的估价。在估价方法中，现金流量是决定性因素。也就是说，估价高低取决于企业在未来年度的现金流量及其投资者的预期投资报酬率。现金流入越充足，企业投资风险越小，投资者要求的报酬率越低，企业的价值越大。企业价值最大化正是理财人员追求的目标，企业理财行为都是为实现这一目标而进行的。

第三节 现金流量表

现金流量表是以现金为基础编制的财务状况变动表，反映了会计主体一定期间内现金的流入和流出，表明会计主体获得现金和现金等价物的能力。有直接法和间接法两种编制方法。现金流量表一般分为三部分内容，即：经营活动产生的现金流量，投资活动产生的现金流量和筹资活动产生的现金流量。

一、现金流量表的编制

现金流量表分为主表和附表（即补充资料）两大部分。主表的各项目金额实际上就是每笔现金流入、流出的归属，而附表的各项目金额则是相应会计账户的当期发生额或期末与期初余额的差额。附表是现金流量表中不可或缺的一部分，以下是笔者对现金流量表附表填列所进行的总结。

一般情况下，附表项目可以直接取相应会计账户的发生额或余额，分述如下：

1. 净利润，取利润分配表"净利润"项目。

2. 计提的资产减值准备，取"管理费用"账户所属"计提的坏账准备"及"计提的存货跌价准备"，"营业外支出"账户所属"计提的固定资产减值准备"、"计提的在建工程减值准备"、"计提的无形资产减值准备"，"投资收益"账户所属"计提的短期投资跌价准备"、"计提的长期投资减值准备"等明细账户的借方发生额。

3. 固定资产折旧，取"制造费用"、"管理费用"、"营业费用"、"其他业务支出"等账户所属的"折旧费"明细账户借方发生额。

4. 无形资产摊销，取"管理费用"等账户所属的"无形资产摊销"明细账户借方发生额。

5. 长期待摊费用摊销，取"制造费用"、"营业费用"、"管理费用"等账户所属的"长期待摊费用摊销"明细账户借方发生额。

6. 待摊费用减少，取"待摊费用"账户的期初、期末余额的差额。

7. 预提费用增加，取"预提费用"账户的期末、期初余额的差额。

8. 处置固定资产、无形资产和其他长期资产的损失，取"营业外收入"、"营业外支出"、"其他业务收入"、"其他业务支出"等账户所属的"处置固定资产净收益"、"处置固定资产净损失"、"出售无形资产收益"、"出售无形资产损失"等明细账户的借方发生额与贷方发生额的差额。

9. 固定资产报废损失，取"营业外支出"账户所属的"固定资产盘亏"明细账户借方发生额与"营业外收入"账户所属的"固定资产盘盈"贷方发生额的差额。

10. 财务费用，取"财务费用"账户所属"利息支出"明细账户借方发生额，不包括"利息收入"等其他明细账户发生额。

11. 投资损失，取"投资收益"账户借方发生额，但不包括"计提的短期投资跌价准备"、"计提的长期投资减值准备"明细账户发生额。

12. 递延税贷项，取"递延税款"账户期末、期初余额的差额。

13. 存货的减少，取与经营活动有关的"原材料"、"库存商品"、"生产成本"等所有存货账户的期初、期末余额的差额。

14. 经营性应收项目的减少，取与经营活动有关的"应收账款"、"其他应收款"、"预付账款"等账户的期初、期末余额的差额。

15. 经营性应付项目的增加，取与经营活动有关的"应付账款"、"预收账款"、"应付工资"、"应付福利费"、"应交税金"、"其他应交款"、"其他应付款"等账户的期末、期初余额的差额。

二、经营现金流量比率的意义作用

通过该比率分析，可了解维持公司运行、支撑公司发展所需要的大部分现金的来源，从而判别企业财务状况是否良好、公司运行是否健康。一般而言，公司现金流入以经营活动为主，以收回投资、分得股利取得的现金以及银行借款、发行债券、接受外部投资等取得的现金为辅，是一种比较合理的结构。预警信号：与主营业务收入利润率指标相类似，当经营现金流量比率低于50%时，预警信号产生。

现金偿债比率：

现金偿债比率=经营活动产生的现金净流量/负债

现金收益比率：

现金收益比率反映在企业实现的收益中，现金收益所占比重的大小，即当期实现的净利润中有多少是有现金保证的，这个指标对于衡量企业的利润质量有着极为重要的意义。

三、现金收益比率的计算公式

（一）现金偿债比率

1. 经营现金与流动负债比率=经营活动现金净流量/流动负债×100%

表 5-1 西安饮食经营现金与流动负债比率

年份	2007	2008	2009	2010	2011
经营活动产生的现金流量	95 506 900.00	107 151 000.00	80 769 400.00	45 609 800.00	64 171 000.00
流动负债	507 441 000.00	463 899 000.00	296 283 000.00	280 247 000.00	258 735 000.00
经营现金与流动负债比率	18.82%	23.10%	27.26%	16.27%	24.80%

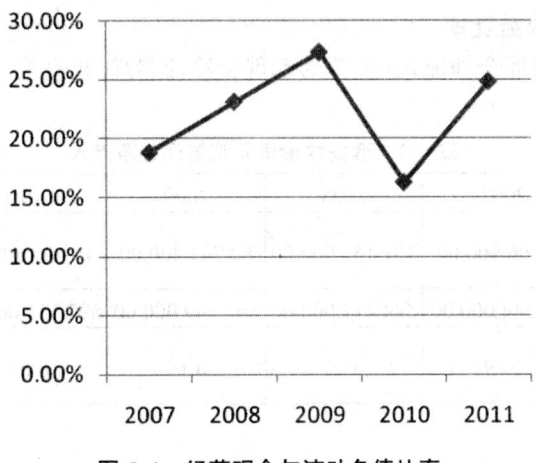

图 5-1　经营现金与流动负债比率

2. 经营现金与债务总额比率=经营活动现金净流量/债务总额×100%

表 5-2　西安饮食经营现金与负债总额比率

年份	2007	2008	2009	2010	2011
经营活动产生的现金流量	95 506 900.00	107 151 000.00	80 769 400.00	45 609 800.00	64 171 000.00
债务总额	527 327 000.00	519 580 000.00	319 247 000.00	302 372 000.00	273 715 000.00
经营现金与债务总额比	18.11%	20.62%	25.30%	15.08%	23.44%

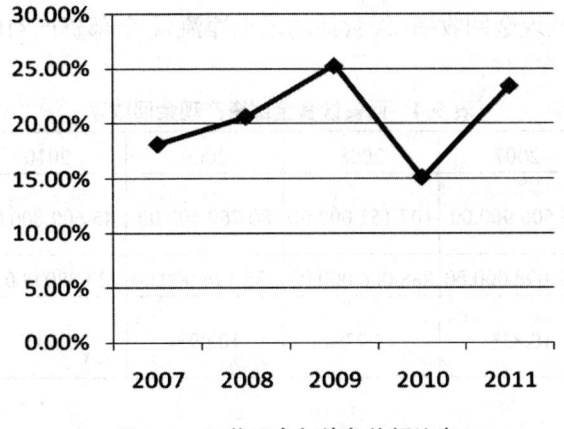

图 5-2　经营现金与债务总额比率

(二)现金收益比率

1. 每元销售现金净流入=经营活动现金净流量/营业收入

表 5-3 西安饮食每元销售现金净流入

年份	2007	2008	2009	2010	2011
经营活动产生的现金流量	95 506 900.00	107 151 000.00	80 769 400.00	45 609 800.00	64 171 000.00
营业收入	502 244 000.00	544 414 000.00	563 649 000.00	592 151 000.00	671 975 000.00
每元销售现金净流入	0.19	0.20	0.14	0.08	0.10

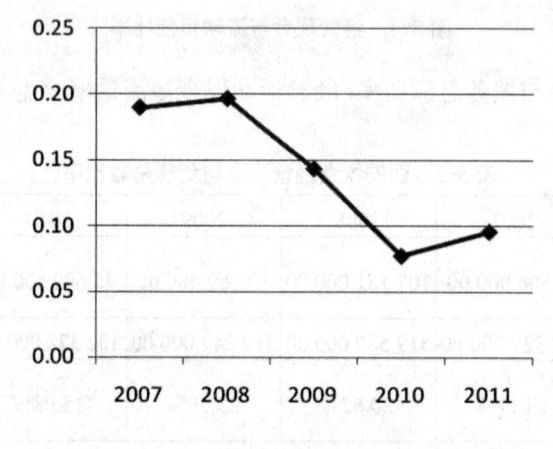

图 5-3 每元销售现金净流入

2. 全部资产现金回收率=经营活动现金净流量/全部资产×100%

表 5-4 西安饮食全部资产现金回收率

年份	2007	2008	2009	2010	2011
经营活动产生的现金流量	95 506 900.00	107 151 000.00	80 769 400.00	45 609 800.00	64 171 000.00
全部资产	882 098 000.00	888 066 000.00	735 194 000.00	723 880 000.00	731 244 000.00
全部资产现金回收率	10.83%	12.07%	10.99%	6.30%	8.78%

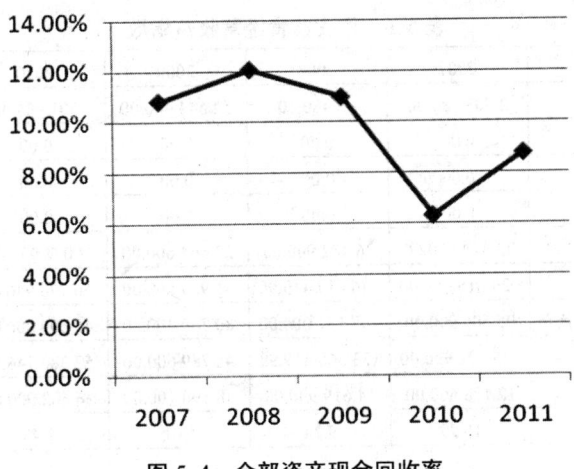

图 5-4　全部资产现金回收率

(三) 财务弹性分析

现金股利保障系数=经营活动现金净流量/现金股利额，如表 5-5 所示。

表 5-5　西安饮食现金股利保障系数

年份	2007	2008	2009	2010	2011
经营活动产生的现金流量	95 506 900.00	107 151 000.00	80 769 400.00	45 609 800.00	64 171 000.00
现金股利额	0.00	0.00	0.00	25 063 096.50	0.00

五年的现金股利保障系数=393 208 100.00/25 063 096.50=15.68872785

(四) 收益质量分析

经营收益指数=经营活动收益/全部经收益

其中，经营活动收益=净收益－非经营活动收益（损失为+）

非经营活动收益=投资收益+公允价值变动收益+处置长期资产收益－固定资产报废损失－财务费用

全部净收益=净利润，如表 5-6、图 5-5 所示。

表 5-6　西安饮食经营收益指数

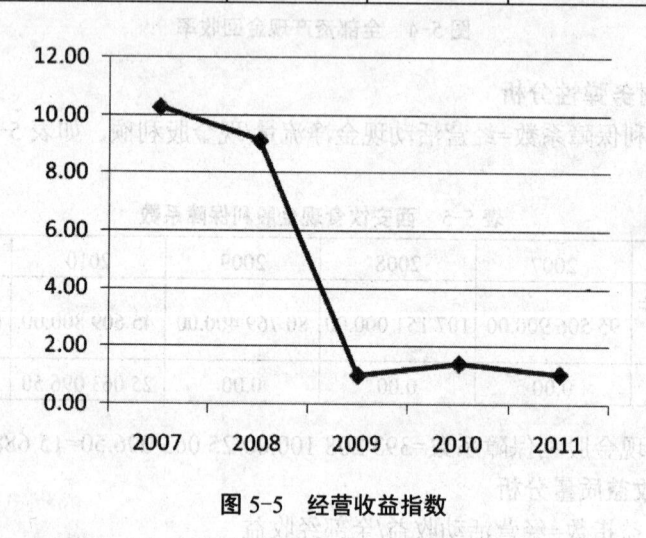

年份	2007	2008	2009	2010	2011
投资收益	2 508 580.00	65 480.10	52 644 400.00	301 984.00	29 588 700.00
公允价值变动收益	0.00	0.00	0.00	0.00	0.00
处置长期资产收益	0.00	0.00	0.00	0.00	0.00
固定资产报废损失	0.00	0.00	0.00	0.00	0.00
财务费用	32 324 600.00	26 482 900.00	20 664 600.00	7 072 930.00	5 981 820.00
非经营活动收益	−29 816 020.00	−26 417 419.90	31 979 800.00	−6 770 946.00	23 606 880.00
经营活动产生的现金流量	95 506 900.00	107 151 000.00	80 769 400.00	45 609 800.00	64 171 000.00
经营活动收益	125 322 920.00	133 568 419.90	48 789 600.00	52 380 746.00	40 564 120.00
净利润	12 178 600.00	14 619 900.00	48 190 100.00	36 602 900.00	38 121 300.00
经营收益指数	10.29	9.14	1.01	1.43	1.06

图 5-5　经营收益指数

四、案例分析

现金流管理是目前企业财务管理的重点，"现金为王"的说法在财务界也是奉为定律的。因此本章使用的西安饮食上市公司作为分析的对象，对其现金流的管理状况做了系统的全面分析。以上使用的现金流分析方法都是财务管理中常用的现金流分析法。从2007~2011年西安饮食的现金流分析看，公司的现金流管理呈下滑的趋势。主要体现在经营活动产生现金流的减少上，主要原因可能要考察西安饮食公司面临的经营活动风险。需要结合其他财务数据做出具体的结论。但是就本案例的分析结果，西安饮食的现金流管理绩效呈现衰退趋势，而且下滑幅度很大。

第六章 并购

第一节 并购基本理论

一、概况

美国著名经济学家施蒂格勒（G. J. Stigler）经过研究认为：没有一个美国大公司不是通过某种程度、某种方式的兼并而成长起来的，几乎没有一家大公司主要是靠内部扩张成长起来的。从19世纪末英、美等西方国家发生的第一次企业并购高潮算起，历经五次企业并购高潮，至今已有近百年的历史。可以说西方经济成长史就是一部企业兼并行为的发展史。随着我国改革的深入，企业自我积累、自我发展的格局已满足不了全球化经济发展的需要。我国企业间的并购活动开始出现，并逐渐成为热门话题。Annexation、Merger、Amalgamation、Consolidation、Takeover、Acquisition 等单词都被作为表达与兼并或收购有关的概念，在我国引入国外文献的时候，这些单词往往被译为兼并、合并、吞并、收买、收购、联合、结合、接管、接办等。从经济学意义上讲，这些概念并无太大差别，经济学家一般将它们统称为企业并购 M&A（Merger and Acquisition），我国通常将其译为并购或购并。20世纪80年代以来，收购、并购等有关企业资产重组和控制权转移的活动比以往更加活跃，手段和机制更加多样化，所有这些活动被统称为并购。

二、企业并购类型

（一）按照法律形式分类

按照法律形式分类，企业合并分为吸收合并（Merger）、创立合并（Consolidation）和控股合并（Acquisition of Majority Interest）。吸收合并，或称兼并，是指合并方（或购买方）通过企业合并取得被合并方（或被购买方）的全部净资产，合并后注销被合并方（或购买方）的法人资格，被合并方（或被购买方）原持有的资产、负债在合并后成为合并方（或购买方）的资产、负债。吸收合并的具体方法是由主并企业用现金、债券、发行股票或签发出资证明等方式换取被并企业的净资产。吸收合并的结果是主并企业作为保留下来的单一经济主体和法律主体处理其会计事务，接受参与合并的各企业的资产并承担其债务，而已解散的各被并企业的股东则成为主并企业的股东。

新设合并，或称创立合并，是指两家或两家以上企业合并组成一个新的企业，参与合并的原各企业均不复存在的合并类型。新设合并的方法是由参与合并的诸家企业以其净资产换取新设企业的股份。新设合并的结果是新设企业作为保留下来的单一经济主体和法律主体处理其会计事务，拥有丧失法人地位的各被并企业的资产并承担其债务。

控股合并，是指合并方（或购买方）在企业合并中取得对被合并方（或被购买方）的控制权，被合并方（或被购买方）在合并后仍保持其独立的法人资格并继续经营，合并方（或购买方）确认企业合并形成的对被合并方（或被购买方）的投资。控制的标志是有权决定一个企业的财务和经营政策，并能据以从该企业的经营活动中获取收益。控股的实施途径是一企业直接或间接拥有另一企业半数以上表决权资本，或者以企业拥有另一企业表决权资本不足半数以上但是通过拥有的表决权资本和其他方式达到控制。控股合并并不是法律意义上的合并，控股企业和被控股企业仍分别为独立的法人，但前者对后者的财务和经营决策的控制权决定了二者事实上是一个经济整体。

（二）按照合并所涉及的行业分类

根据企业并购所涉及的行业，可将并购分为三种：横向并购（Horizontal Integration）、纵向并购（Vertical Integration）和混合并购（Conglomeration）。横向并购是指在同一地区的同一市场上，处于同一行业、同一生产阶段、生产同质产品的企业间的并购行为。横向并购一般是商业对手间的合作，其结果是资本在同一生产、销售领域或部门集中，优势企业吞并劣势企业并组成横向托拉斯，以达到新技术条件下的最佳经济规模。横向并购是最常见的一种并购方式，其目的在于扩大企业市场份额，在竞争中取得优势。纵向并购是指企业与其供应商或客户之间的并购，即优势企业将与其生产紧密相关，处于其生产、营销阶段的企业并购过来，从而形成纵向一体化的经济行为。其实质是生产同一产品、处于不同生产阶段的企业之间的并购，其目的在于发挥综合协作优势。混合并购是指既非竞争对手又非现实或潜在的客户、供应商关系的企业间的并购，即并购双方企业在产品与市场方面都有直接联系且处于不同的行业。混合并购兼具横向并购与纵向并购的优点，而且更加灵活自如。混合并购包括产品扩张型、市场扩张型、纯粹兼并型三种具体形式。

三、并购动因与效应

(一) 企业并购动因

1. 降低代理成本。代理问题的产生是由于企业管理层与企业所有者利益的不一致。当企业所有权与经营权相分离时，作为企业委托人的所有者需要设计一种机制使得作为代理人的经营者受到足够的激励去运营，该机制的设计与运作需要付出代理成本。企业的代理问题有内外两种解决途径，一是通过内部机制的设计来控制，即决策方案的拟定、执行权赋予代理人，而与之相分离的决策方案的评估、控制权由所有者把握。第二种途径则是通过并购这种外部机制，当目标企业存在代理问题时，并购或代理权的竞争可以有效地降低其代理成本。

2. 提高管理效率，实现规模经济。当某企业拥有剩余管理资源时，具有较高管理效率的该企业并购效率较低的目标企业，该企业则会因提高目标企业的管理效率而获得效益。对目标企业而言，其管理的非效率可经由外部经理人的介入和管理资源投入的增加而获得改善。此时企业并购的益处在于：(1) 企业并购活动的发生有利于改进管理层的经营业绩；(2) 企业并购将导致某种形式的经营协同效应。经营协同效应主要是指并购所带来的企业生产经营效率的变化，以及因效率的提高所产生的效益。而企业并购最明显的效益之一是规模经济的产生，规模经济体现在工厂规模经济和企业规模经济两方面。企业并购的工厂规模经济包括：(1) 并购对工厂资产的补充和调整，以及达到规模经济的要求而保持的尽可能低的生产成本；(2) 并购可以使企业在保持整体产品结构的情况下在各个工厂中实现产品的单一化生产；(3) 并购尤其是纵向并购，可以有效地解决由于专业化生产所带来的诸如生产流程分散、生产环节间隔、操作及运输成本较高等问题。并购的企业规模经济有：(1) 单位产品的管理费用因产品的规模化生产而大大降低；(2) 多厂企业的不同产品和服务可以利用同一销售渠道推销，利用相同的技术扩散生产，能更好地满足不同顾客与市场的不同需求；(3) 并购可以集中足够的经费用于研究、发展、设计和生产的相对扩大，企业的直接筹资和借贷相对容易，企业可有足够的财力采用新发明、新技术和新设备以适应经营环境的变化；(4) 并购可使企业实现多角化经营，降低经营风险。

3. 提高企业的市场份额。市场份额体现着企业对市场的控制力，企业市场份额的不断扩大，可以使企业实现某种形式的垄断，这种垄断既能给企业带来垄断利润又能使企业保持一定的竞争优势。企业并购对企业市场控制力的影响因并购模式的不同而有所差异。横向并购通过行业集中使企业的市场权利得到扩大，它对行业结构有三方面的影响：减少竞争者数量，改善行业结构，有效降低竞争激烈程度并使企业保持较高的利润率；解决了行业整体生产能力扩大速度与市场扩大速度不一致的矛盾；减少了行业退出壁垒。纵向并购则是将关键性的投入——产出关系纳入企业的控制范围，以行政手段控制其销售渠道和用户，并因此实现企业对市场控制能力的提高。纵向并购降低了供应商和买主对企业的制约，特别是当纵向并购同行业集中趋势相结合时，可极大地提高企业的讨价还价能力。企业通过混合并购进入的往往是与其原有产品相关的经营领域，相关经营领域的扩大可加强企业对原有供应商和销售渠道的控制，并因此提高其对主要产品市场的控制。企业亦可通过混合并购增加其绝对规模，从而有能力采用价格战迫使其竞争对手退出某一领域，达到独占或垄断的目的。

4. 税负考虑。税法的相关规定对企业并购行为有三方面的刺激作用：企业可利用税法中的亏损递延条款合理避税；企业不使用现金而使用股票转换方式进行的并购，可在不纳税情况下实现资产的流动和转移及其追加投资和资产多样性的目的；企业如使用可转换债券实现并购，则可享受税法规定的债券利息税前扣除和资本收益延期支付带来的资本收益税少付的益处。当然，企业还可以通过并购重组拉升并购企业股价，以增加股东的财富。而杠杆收购作为企业并购的一种特殊形式，具有很强的投机性。它是运用少量自有资本，通过融资并购目标企业，得手后对其进行资产重组和管理革新等技改包装，或是榨取现金待收益提高后高价出售。

(二) 企业并购所产生的效应

企业并购可产生协同效应，即各公司并购后价值高于并购前各企业价值总和。从财务角度对新企业创造价值的进行综合计量，应该采用未来增量现金流量的折现值。并购动因与效应主要表现在以下三方面：

1. 企业经营协同效应是指，企业并购后，并购方的品牌效应、销售网络可与并购目标企业共享，使双方并购后产生合理的规模经济，提高整体的经济效益。企业通过横向并购可以减少竞争者的数量，改善行业结构，增强对市场的控制力；企业通过纵向并购可以增强对原料和销售渠道的控制，增强在行业内的竞争力；通过规模经济、市场占有率和市场控制力的增强从而降低经营风险；企业通过混合并购可以实现多元化经营，从而增强抵御不可预见的突发性环境变化的能力，使企业可以稳定地发展。

2. 企业管理协同效应是指，管理效率高的并购方，可以使被并入的目标企业提高整体管理效率，增强股东获利能力，从而增加企业的价值。第一，主并企业通过剩余管理资源的有效转移和充分利用降低管理成本。实现并购后，主并企业利用自己丰富高效的管理资源，实现管理人员的削减、办公机构和办公地点的精简等，使其管理成本降低；第二，主并企业通过自身的管理优势改进和提高目标企业的管理水平。并购后主并企业利用自身高效的管理模式，使被并购企业管理层尚未充分利用的资源发挥作用产生收益，或者改进和提高目标企业原有的管理水平，通过新的排列组合产生收益；第三，并购后企业通过组织结构的优化实现管理协同效应。主并企业可以把被并购企业作为一个相对独立的整体加以管理，或者将被并购企业分解并入主并企业相应的子系统，实现组织机构的优化，从而实现管理的协同效应。发生并购时，主并企业自身剩余管理能力和剩余管理资源的存量越多，其可转移性越强，管理协同效应越强。另外，并购双方管理能力与效率的差异、并购双方管理人员素质水平的高低以及之间的差距、并购双方管理风格的差异、并购双方管理层接受变化或新事物的能力、并购双方组织结构的差异、并购双方企业文化的差异等因素都会影响管理协同效应的产生和实现。

3. 企业财务协同效应指，如果并购目标企业经营效益较差甚至亏损，则并购后可以利用亏损企业递延税款，以及享受税法允许的减免税款条款，以达到合理避税的利益。此外，并购后的企业负债能力一般要大于并购前的负债能力之和，通过增加企业的负债能力将给企业带来较大的税后利益。主要表现在降低融资成本、减少资本需求量、提高企业举债能力上。并购扩大了企业的规模，一般情况下，大企业更容易进入资本市场，它们可以大批量发行证券，从而使证券的发行成本相对降低，减少融资成本。而且，并购会降低两个企业总资金占用水平，如通过对现金、应收账款和存货的集中管理可以降低营运资本的占用水平。如果被并购企业并购前资本成本较高，而并购企业资本成本较低时还可以降低并购后的资本成本。另外，企业并购扩大了自有资本的数量，自有资本越大，由于企业破产而给债权人带来损失的风险就越小。企业并购成功后，对企业负债能力的评价不再是以单个企业为基础，而是以整个并购后的企业为基础，由此企业的举债能力和偿债能力也得以提高。如果并购企业的现金流量超过了自身投资机会的需要，存在大量的闲置现金，而被并购企业虽然有较多有利可图的投资机会，但却面临严重的现金短缺，两个企业合并就可以充分有效地利用现金流量。被并购企业可以从收购企业得到闲置资金投向具有良好回报的项目，而良好的投资回报又可以为企业带来更多的资金收益，形成一个良性循环。在混合并购下并购企业的经营多样化又可以为企业提供多种有效益的投资机会，从而提高企业的投资报酬率和资金利用效率。

四、企业并购相关理论

（一）企业并购目标理论

1. 价值评估理论

邓万全认为，目标企业选择的实质就是对企业的价值评估。我国常用净资产法，国外则以市场比较法和收益现值法为主。当然，企业价值评估和企业定价是两个不同的概念，前者仅是参考，而后者则是一个讨价还价的过程，定价结果完全可能与价值评估大相径庭，因为并购双方的信息存在不对称性。同时，对目标企业的价值评估，除了财务因素以外，更有一些非财务因素，如行业性质、企业资源、品牌、团队等。

2. 目标公司模型预测论

苟开红利用 logistic 建立回归预测模型，以上市公司作为研究对象，研究了在市场自由选择的情况下什么性质的公司容易成为并购目标。通过对 75 家上市公司，用 6 类 26 个财务指标进行预测，准确率为 77.33%。在目标企业的选择方面，不管是"价值评估理论"亦或"目标公司模型预测论"，并购的目的应该是对有效资源及价值的获取及相关的整合再造。若分析我国的上市公司，我们会发现一个有趣的现象。按照成熟国家的经典理论，当一个企业亏损累累或债台高筑的时候，排除个别特例，它应该失去了整合的价值，只有破产或退市。并购行为不能说完全是强强联合，至少是双方有价值的联合。但我国资本市场所发生的并购行为，很大一部分发生在已亏或即将亏损企业之间。

（二）企业并购理论

1. 效率理论

效率理论认为，企业并购的动因在于优势和劣势企业之间在管理效率上的差别。并购活动能产生潜在的社会收益，包含管理层业绩的提高或获得某种形式的协同效应，因此，企业并购的主要动机是增加并购后企业的价值。具体形式有以下几种：

（1）差别效率理论，又称为管理协同假说。如果一家公司有一个高效率的管理队伍，便可以通过收购一家管理效率较低的企业的方式来进行"管理溢出"，从而使其额外的管理资源得到充分利用。由于其理论前提是企业之间管理效率上的可比性在于并购双方必须处于同一行业，所以该理论视为横向并购的理论基础。

（2）无效管理理论。无效的管理者是指不称职的管理者，该理论假设被收购企业的股东无法更换他们的管理者，因此必须通过代价高昂的并购来更换无效率的管理者。尽管有许多经济学家对这种理论表示了质疑，但它还是有它的现实基础。如在中国，无效的管理者其实大有人在，如有些国有企业的管理者是直接由上级任命的，他们其实不具备管理企业的经验，实际上是属于无效的管理者。

（3）效率规模理论，又称为"经营协同效应"。指由于并购双方经济上的互补性——规模经济或范围经济，合并成一家公司后，经济效益随着资产经营规模的扩大而得到提高，实现收益增大或成本减少。建立在经营协同基础上的理论假设在行业中存在着规模经济及范围经济。在合并之前，公司的经营活动水平达不到实现规模经济的潜在要求，通过并购可以实现这一规模。

2. 代理问题和管理主义理论

代理问题与管理者主义，与公司的经营权与所有权相对应，当代理出现故障时，收购亦即代理权的竞争，可以降低代理成本。Jensen 和 Meckling（1976）在其论文中，系统地阐述了代理问题的含义。当管理者只拥有企业所有权的一小部分时，便会产生管理者利用管理特权追求私人利益的代理问题。Fama（1980），Fama 和 Jensen（1983）认为，通过报酬安排、经理市场、有效的股票市场以及将企业的所有权与控制权相分离的机制，可以减缓代理问题。当这些机制都不足以控制代理问题时，接管将可能是最后的外部控制机制（Manne，1965）。通过公开收购或代理权争夺而造成的接管，将会改选现任经理和董事会成员，让那些潜在的经理和董事取而代之。Manne 还强调指出，如果由于低效或代理问题而使企业经营业绩不佳，那么，并购机制使得接管的威胁始终存在。与收购可以解决代理问题的观点相对，一些观察家认为收购活动只是代理问题的一种表现形式，而不是解决方法。Mueller（1969）提出的管理主义就是其中之一。Mueller 认为，经理具有很强烈的增大企业规模的欲望。他假定，经理的报酬是公司规模的函数，这样，经理将会接受资本预期回报率很低的项目，并热衷于扩大规模。但是，也有人通过研究发现，经理的报酬与公司的盈利水平相关而非与销售额相关（Lewellen and Huntsman 1970）。Mueller 理论的基本前提由此受到了很大的挑战。

3. 信息理论/价值低估理论

该理论主要从信息不对称角度来研究，认为作为内部人的经理层，拥有比局外人更多的关于公司状况的信息，企业并购能够表现和传递这些信息。如果一家企业被收购，那么市场认为该企业的某种价值还没有被局外人掌握，或认为该企业未来的现金收入将增加，从而推动股价上涨。Dodd 和 Ruback（1977）以及 Bradley（1980）的研究表明，无论收购是否成功，目标企业的股价总体上呈现上涨趋势，原因在于收购股权的行为向市场表明，目标企业股价被低估了，从极端角度讲，即使目标企业不采取任何管理改进，市场也会对股价进行重估。

被低估的原因可能是通货膨胀下的银根紧缩造成资产的市场价值与重置成本相分离。一般通过 Q 比例进行判断（Q 比例=股票的市值/资产重置成本），如果 Q 比例小于 1，则收购将产生潜在收益；如果 Q 比例=0.5，表明收购成本是资产价值的 1/2，收购的总成本远远小于资产重置成本，收购是有利的。Roll（1977）认为，当收购企业采用本企业股票收购目标企业，会向市场传递出收购企业股票被高估的信号；当一个企业进行股份回购时，市场会认为是一个重要信号，即管理层有其自身企业股票价值被低估的信息，且该企业将会获得有利的成长机会。

4. 市场势力理论

市场份额的上升是规模经济和协同效应的充分必要条件。水平或垂直式收购整合，可以提高市场占有率。市场势力理论的核心观点是，增大企业规模将会增大企业势力。在这个问题上，许多人认为兼并的一个重要动因是为了增大公司的市场份额，但他们却不清楚增大市场份额是如何取得协同效应的。如果增大市场份额仅仅意味着使公司变大，那么我们实际上是在论述前面已阐述过的规模经济问题。事实上，增大市场份额是指增大公司相对于同一产业中的其他公司的规模。关于市场势力问题，存在着两种意见相反的看法。第一种观点认为，增大公司的市场份额会导致合谋和垄断，兼并收益正是由此产生的。所以，在发达的市场经济国家里，政府通常会制定一系列的法律法规，反对垄断，保护竞争。第二种观点却认为，产业集中度的增大，正是激烈的竞争的结果。他们进一步认为，在集中度高的产业中的大公司之间，竞争变得越来越激烈了，因为价格、产量、产品类型、产品质量与服务等方面的决策所涉及的维度巨大，层次复杂，简单的合谋是不可能达到的。这两种相反的意见表明，关于市场势力的理论，尚有许多问题还没有得到解决。

5. 财务协同效应及战略性并购理论

财务协同理论认为，并购起因于财务目的，主要是利用企业多余的现金寻求投资机会和降低资本成本。企业并购会引起公司利益相关者之间的利益再分配，兼并利益从债权人手中转到股东身上，或从一般员工手中转到股东及消费者身上，所以公司股东会赞成这种对其有利的并购活动。企业将高市场份额而低市场成长性的部门（现金牛）所产出的现金再投资于高市场成长而低市场份额（明星）部门以支持它们和市场份额目标。这两种企业的合并可能会得到内部资金成本方面的优势。一些传统的公司正是通过不断收购某些新兴企业而保持了技术上的领先地位。其中也不乏因欲取得税收效应而进行并购的企业，通过兼并取得税收效应的主要途径包括：第一，营运净亏损的结转与税务抵免；第二，增大资产基数以扩大资产折旧额；第三，以资产收益代替普通收入；第四，私有企业和年迈业主出于规避遗产继承税方面的考虑等。一般说来，在企业并购过程中以及在以债权换股权的情形中，因债权人受损而使股东受益的情况并不多见。但是，在杠杆收购中，由于企业的负债/股权比率过高，有些时候可能会损害债权人的利益。至于企业员工，如果在兼并后的重整过程中，公司为了增强竞争力而采取裁减员工或降低工资率的措施，那么员工将会因此而受损。

6. 自由现金流假说理论

Jensen（1986，1988）构建了自由现金流量假说，它来源于代理成本理论。根据 Jensen 对自由现金流量的定义：自由现金流量是指超过了所有可以带来正收益的净现值，却以低于资本相关成本进行投资的现金流量。Jensen 认为，在企业产生巨大的自由现金流量时，股东和管理者对公司报酬政策发生严重的冲突，是造成并购活动的主要原因。委托—代理冲突问题的核心是如何使管理者放弃低于资本成本的投资或在企业内部浪费资本的决策。如果企业是有效运行的，并且实行股东利益最大化政策，那么这些自由现金流量必须支付给股东。通过收购活动使负债比例提高，自由现金流量减少，管理层会本能地节制支出，客观上造成代理成本降低。自由现金流量假说运用"自由现金流量"的概念来解释股东和经理之间的矛盾冲突，并进而解释企业并购的动因，的确使理论的研究更加深入一步。但是，正如 Jensen 本人所承认的，他的理论不适用于分析成长型公司，因为这种公司的确需要大量的资金投入。这就不能不使这种理论的适用范围受到很大的限制。况且，用增加负债的办法来约束经理行为，减缓股东与经理的矛盾，减少不必要的兼并活动，从而降低代理成本，是以增大企业风险为代价的。这种办法即使对某些行业是可行的，对其他行业也未必可行。

第二节 并购估价方法

一、目标企业价值评估基本原则

1. **系统性原则**：企业是一个复杂的系统，因此，评估人员必须树立系统的观点，要全面考虑企业内外部环境，分析构成企业有机系统的各个要素的功能和作用，以及它们对企业整体价值所做的贡献，考察整个系统的盈利性、有效性、适应性，评价出整个系统的优劣程度。

2. **最佳利用原则**：企业作为一种资源性产品，也必须按照最佳用途进行配置，因为所有的资源都是有限的，只有资源的功能得到最充分的利用并处于最佳的使用状态时，收益才会最大化。在一个完全竞争的市场环境中，企业市场价值的最大化取决于企业资源配置的最优化。因此，在衡量一个企业的价值时必须考虑相关的因素，分析其最佳使用状态。

3. 替代原则：一个理性的投资者愿意为某项资产所花费的代价，不会超过他从市场上得到同类资产所支付的代价。这个原则同样适用于企业价值评估。当某个企业的价格相对于与其功能、收益类似的企业的价格要高，那么这个企业的市场价值就会降低，因为投资者会在众多的企业价值中寻找功能价格比最高的资产。一般来说，如果市场上出现不同的投资对象，投资者会选择价格较低者。

4. 贡献性原则：贡献性原则指某一资产的价值取决于它对其他相关资产或整体资产的贡献。在企业价值评估中，要区分不同资产对企业整体现金流量的贡献和风险。

5. 经济效益可靠性原则：企业整体资产的价值基础是获利能力，因此，在对企业价值进行评估时必须以经济的、财务的观点来分析其获利能力，预测其未来现金流量和贴现率。企业价值评估只有建立在稳定、可靠的收益预测的基础上才能科学地确定其价值的大小。

6. 谨慎性原则：企业的价值受企业内外部环境变化的影响，企业的未来收益不确定，市场风险较大，这些也会给企业价值的评估带来较大的风险，因而评估人员在操作中必须谨慎地预测收益，尽可能地全面考虑影响企业价值的各有关因素。

二、并购估价方法

并购估价方法通常有贴现现金流量法、成本法、换股股价法、期权法等。

（一）贴现现金流量法

自由现金流量是狭义的现金流量概念，它是指企业通过持续经营业务产生的、并满足了企业再投资需要之后的现金流量。对于并购评估而言，自由现金流量是估算目标企业价值的一个重要变量。在企业价值评估中，现金流量被界定为由企业经营活动产生的现金流量，所以与经营无关的非营业现金流量就不能包括在现金流量的构成之中。假定企业没有任何可能会使息税前收入（EBIT）产生差别的营业外收入或支出，因此，在税后净收入（NI）加折旧（简记为 D，如果存在的话，它还包括无形资产摊销及任何其他显著的非现金费用），就可以得到自由现金流量的主要组成部分从经营中获得的现金流量；其次公司的全部价值属于公司各种权利要求者（包括股权投资者和债权投资者），因此，公司自由现金流是所有这些权利要求者的现金流的总和。具体来说，自由现金流即是扣除流动资本投资与资本投资之后的经营活动所产生的现金流量。自由现金流量的所谓"自由"即体现为管理当局可以在不影响企业持续增长的前提下，将这部分现金流量自由地分派给公司所有的索偿权持有人。从现金流量的角度来讲，股东与债权人没有性质上的差异，存在的只是索偿权支付顺序上的不同。

贴现现金流量分析方法是一种最有效、最基本的并购估价方法，就是用未来一段时期内目标企业的一系列预期现金流量以某一折现率的现值与该企业的初期现金投资（即并购支出）相比较。如果该现值大于投资额，即净现值等于或大于零，可以认为这一定价对收购方是有利的；如果净现值小于零，对收购方来说是不可接受的。当选择的折现率恰好使净现值等于零，这个折现率就是内部收益率。内部收益与计算净现值的折现率两者的经济含义不同，内部收益率反映的是收购方未来能得到的最高的收益水平，如果收购方对这一收益水平满意，该项并购在经济上就是可行的；否则，就是不可行的。而折现率有一定的随意性，折现率定得高，折现值较小；折现率定得低，折现值较大。在运用这个方法时，先要确定未来的现金流量包括什么内容，再估算出未来的现金流量，这可以通过估算未来的收益增长率得到；其次是确定合适的折现率。对折现率进行微小的调整都可能影响到并购分析的结果，所以对折现率的确定应当慎重。确定折现率的方法是：先确定一个基准折现率，然后考虑风险因素将之调高一定幅度。定基准折现率一般有四种方法：一是选择被并购企业现有的加权资本（负债与权益）成本率作为基准折现率，然后根据新项目应有的收益增长率将基准折现率向上微调；二是选择被并购企业历史上的资产收益率作为基准折现率，然后根据项目应有的增长率，将基准折现率向上微调；三是利用对未来与预期利率的估计作为基准折现率，然后根据行业、企业及财务结构等相关的风险因素向上微调；四是根据公开数据利用对同行业企业的加权资本成本率的估计值作为基准折现率，然后根据项目的增长和风险因素向上微调。

这里自由现金流量应当是利息之前、纳税之后的现金流量。换言之，在计算自由现金流量的时候，还应包括负债的利息费用。自由现金流量可以用下式来表达式为：$FCF=NI+D+[f(1-T)]-\triangle WC-I$

式中：T 为所得税率，$\triangle WC$ 是指为该年增加的流动资本投资，I 是指该年（包括投资在固定资产、无形资产和其他长期资产上的）支出。

例如，ABC 公司 20×× 年损益表及现金流量表如下：

表 6-1　ABC 公司损益表

项目	金额
一、主营业务收入	20000
减：主营业务成本	9000
主营业务税金及附加	1000
二、主营业务利润	10000
加：其他业务利润	500
减：销售费用	4000
管理费用	1000
财务费用	1500
三、营业利润	4000
加：投资收益	500
营业外收入	0
减：营业外支出	500
四、利润总额	4000
减：所得税（税率40%）	1600
五、税后净利润	2400

表 6-2　ABC 公司自由现金流量表

项目	金额
税后净利润	2400
+利息费用	1500
息税前利润（EBIT）	3900
-所得税（T）	1600
=息前税后利润（EBI）	2300
+折旧（D）	1700
-资本性支出（I）	2400
-流动资本追加额（△WC）	700
=自由现金流量（FCF）	900

贴现现金流量法认为，企业的价值是与其未来能产生的现金流量密切相关的。其原理是假设任何资产的价值等于其预期未来现金流量的现值之和。其基本公式如下：

$$V = \sum_{i=1}^{n} \frac{CF_t}{(1+i)^t}$$

式中：V 为资产的价值；

　　　n 为资产的寿命；

　　　i 为与其现金流量相对应的实际利率；

　　　CF_t 为资产在 t 时间产生的现金流量；

　　　t 为现金流量产生的时间。

应用上述模型进行估值需要满足三个条件：可以预见的各期现金流量、能够反映现金流量及其风险的贴现率、确定资产寿命。由于企业是一个持续经营的实体，我们无法预知其寿命，因而普遍采用的做法是将目标企业价值分为两个部分，即明确的预测期内价值及其后阶段的连续价值，通过两者之和来完整地描述目标企业的整体价值。因此，目标企业估价的一般模型可表达为：V=明确预测期内各年现金流量的现值+连续价值，即：

$$V = \sum_{i=1}^{t} \frac{CF_t}{(1+i)^t} + \frac{TV}{(1+r)^n}$$

该模型从未来经济获利能力出发来考虑估价问题，并选用了最能体现目标企业价值的未来现金流作为贴现对象，其适用性非常广泛，可以应用于企业绩效评估、战略方案的估测选择或上市公司证券投资价值分析。但是，该模型在企业并购的应用中，却存在一定的缺陷，即现金流量中没有包含因并购协同效应而产生的增量现金流量。我们知道，并购会给并购后的企业带来额外的现金流入，我们把它称为增量现金流量。增量现金流量的来源主要是并购的协同效应。获得协同效应是企业进行并购的主要目的，协同效应必须大于零，即能产生 1+1>2 的效应，企业才有并购的必要性。并购的协同效应包括经营协同和财务协同两个部分，经营协同是指企业并购后，因经营效率的提高所带来的增加值。具体表现为：通过横向并购，可以实现供、产、销和人、财、物的一体化，取得规模收益；通过纵向并购，可以节约交易费用；通过混合并购，可以取得新的盈利增长点等。财务协同是指企业并购后，通过提高财务资源的利用效率带来增加值。具体表现为：通过并购双方财务互补，可以避免财物资源的闲置和浪费，提高财物资源的利用效率；随着并购后企业规模的扩大，可以提高融资能力，降低融资成本；通过亏损递延和合理避税，可以取得税收利益；通过现金、应收款和存货的集中管理，可以减少资金占用，节约资本成本等。综上所述，企业未来的现金流量应由两部分组成：目标企业独立持续经营下产生的现金流量 CF_t 和目标企业因并购协同效应产生的增量现金流量 ΔCF_t，即：

预测现金流量= $CF_t + \Delta CF_t$

因此，对现金流量贴现模型做出相应调整如下：

$$V = \sum_{i=1}^{t} \frac{CF_t + \Delta CF_t}{(1+i)^t} + \frac{TV}{(1+r)^n}$$

式中，ΔCF_t 为并购协同效应产生的增量现金流量。

在运用现金流量贴现模型对目标企业价值进行评估时，其准确程度与预测期间、独立持续经营下目标企业产生的现金流量等参数预测的准确程度密切相关。

一般情况下，现金流量需要逐期预测，直至各种不确定因素使管理部门难以做更进一步的预测为止。随着预测期的延长，不确定性因素越多，预测的难度越大，而预测的可靠性也就越低。虽然预测期间应当随行业背景、管理部门的政策和收购环境的不同而不同，如高科技企业可能是3年，钢铁行业可能是10年至20年。但在实践中，一般以5年至10年作为预测期较为普遍，其中又以5年最为常见。在对预测期进行选择的时候，主要需要考虑以下几个方面的问题：第一，预测的市场情况、目标企业的市场份额、增长率和竞争强度，以及为竞争而拟定的战略和投资计划；第二，目标企业产品的生命周期。根据各产品线的生命周期可以估计目标企业的快速增长、不均衡增长与稳定增长的年数；第三，对目标企业未来各年经营业绩和财务数据进行预测的可信度。预测期的选择往往受到企业未来现金流量模式的影响。正处于巨额投资期的目标企业，在投资持续期间，其自由现金流量很小甚至为负值；在企业迅速成长期间，由于投资所形成的生产经营能力得以充分发挥利用，自由现金流量逐步增大；最后企业进入稳定发展时期，自由现金流量逐趋稳定，或开始固定比例增长，预测期后现金流量可以确定为一个恒值。而现金流量的预测应该一直持续到用以支持预测销售增长的追加投资的预期报酬率 R 等于资本成本 K 时为止。也就是说，在预测期内，R>K；在预测期之后 R=K。当 R=K 时，企业无论采取何种盈余分配政策（追加投资或发放股利）均不会影响企业价值。这是因为如果企业将盈余用于追加投资，只能取得等于资本成本的报酬；若将盈余用于支付股利，股东可以找到同等风险、同等收益的投资机会。因此，为了简化计算，可以直接假设预测期之后，企业将当期盈余不用于追加投资，而是全部用于发放股利，企业仅维持简单再生产。这样，在其他条件不变的情况下，预测期后的各年盈余就变成永续年金，只要将其资本化，就可以计算预测期后企业现金流量的现值。因此，为了确定预测期，我们需要计算并购后，当企业的投资报酬率等于资金成本时即最低可接受报酬率所需的最低税前销售利润率,即增量临界利润率(Incremental Threshold Margin,简称ITM)。计算公式为:

$$ITM = \frac{(f+w)K}{(1-T)(1+K)}$$

式中,K 为最低可接受报酬率,f 为销售收入每增加 1 元需追加的固定资产投资,w 为销售额每增加 1 元需追加的流动资产投资,T 为所得税率。

而在独立持续经营的情况下,目标企业产生的现金流量 CF_t 又受到客户类别、行业竞争性、行业周期性、产业发展趋势等因素的影响。现金流量预测的核心内容是销售预测,所有其他现金的来源和运用,包括生产成本、资本支出以及利息等都与销售收入有关。这里主要从财务预测和统计预测相结合的角度,为现金流量的预测提供一些有意义的方法。

进入评估的第一个环节就是对目标企业进行历史绩效分析。在分析了企业历史绩效的基础上,便可对企业的未来绩效进行预测。预测绩效的关键是明了企业在关键的价值驱动因素——增长率和投资回报率方面可能或将要如何经营。首先,评估行业发展状况和企业战略地位。为了赚取超过机会资本成本的报酬率,企业必须形成并且利用竞争优势。因此为了了解企业赚取有吸引力的投资报酬率的能力,必须考虑到行业竞争优势的性质以及企业本身的资产与能力,进而弄清企业产生竞争优势的潜力。其次,预测企业未来的绩效情景。一旦清楚了企业实现和维持竞争优势的能力,下一步便是制定绩效情景。我们必须认识到利用绩效情景进行财务绩效预测充其量是一种基于经验所做的估计。我们能做的至多是缩小可能出现的未来绩效的发生范围。最后,预测财务具体细目。在预测具体细目之前必须决定预测结构。预测结构指的是预测各种变数的顺序以及这些变数之间的相互关系的方式。最好的预测结构是首先预测综合损益表和资产负债表,然后从这两个表引出未来 n 年的自由现金流量。

对并购情况中现金流量的预测还应包括并购协同效应带来的增量现金流量。由于并购产生的协同效应,使并购后所产生的经营现金流量不同于其独立经营产生的现金流量,因此对增量现金流量的估计有一定的难度。目前,人们对这个问题的研究还建立在一些假设的基础之上,或主观分析的因素、财务人员的经验占较大比例。实际上,无论多么资深的预测专家,都不可能提供准确度为 10%的预测方法,也不可能提供唯一最优的预测方法。假定 A 为主并企业,B 为目标企业,CF_A、CF_B 表示某期 A、B 两公司未合并状态下独立经营时的现金流,CF_{AB} 表示两公司并购整合后的总现金流,ΔCF 表示并购所产生的增量现金流,则有:

$$CF_{AB} = CF_A + CF_B + \Delta CF$$

整理后得：$\Delta CF = CF_{AB} - (CF_A + CF_B)$

（二）成本法

成本法是站在资产的来源这个角度来分析企业价值的，也即资产是花费多少买来的，或是重新购置相同或是相似资产需要花费多少。在并购估价中，成本法一般分为调整账面价值法和重置成本法。调整账面价值法实际上是对企业账面价值的调整。调整法假定企业的资产负债表能够大致地反映企业的财务状况。由于在编制资产负债表时，一些无法确认或计量的资产和负债并不能再资产负债表上有所反映，而且账面价值是基于历史成本记录的，其数额并没有考虑有关因素影响，例如通货膨胀。所以需要对资产负债表上的账面价值进行调整。几乎没有不经过调整的资产负债表能准确地反映企业价值的。纵观沪深两地股市，股价和每股净资产相同或相近似的仍然很少。有很多公司两者之间的差别甚至大相径庭。其操作方法一般为：（1）对于股份有限公司，如有发行在外的优先股，该优先股的价值应从其净值总额中扣除，以确定属于普通股的价值；（2）剔除无形资产（如商誉、专利权等）、债券折价、筹建费用及递延费用等。其他一些项目（如存货估价准备等）则可能要被加回。账面价值法具有客观性强、计算简单、资料易获取等优点，但不同的企业，或同一企业不同会计期间所采取的会计政策的不同，会使本来简单的账面价值法变得很复杂。比如，处于通货膨胀时期的企业，以后进先出法对存货计价得出的价值会低于以先进先出法计价的价值；而采用加速折旧法会比直线折旧法更快地减少固定资产的价值。在以账面价值法确定企业价值时，这些差异应当予以关注。一般说来，账面价值法最适合于资产流动性较强且所用会计政策更准确和公允的企业，比如银行、保险公司等。

（三）换股股价法

如果并购采用换股支付，则需对被并购公司确定一个换股比例。换股的计算公式如下：

$$P_{ab} = \beta \times (Y_a + Y_b + \Delta Y) \times \frac{1}{S_a + ER \times S_b}$$

式中：P_{ab} 为并购后公司的股票价格；

β 为 a 公司（a 代表并购企业，下同）的市盈率；

Y_a 为并购前 a 公司的总盈余；

Y_b 为并购前 b 公司（b 公司代表被并购企业，下同）的总盈余；

ΔY 为盈余由于协同效应产生的协同盈余；

S_a 为并购前 a 公司普通股流通数量；

ER 为换股比率；

S_b 为并购前 b 公司普通股流通数量。

对于并购企业股东，需要满足的条件是 $P_{ab} \geq P_a$，即并购后企业市场股价大于等于并购前市场股价；对于被并购企业的股东，必须满足 $P_{ab} \geq P_b/ER$，即并购后拥有 a 公司的股票价值总额大于等于并购前拥有 b 公司的股票价值总额。因此 $P_{ab} \geq P_a$ 得出最高的股权转换比率：

$$ER_a = \frac{\beta \times (Y_a + Y_b + \Delta Y) - P_a \times S_a}{P_a \times S_b}$$

此时：$P_{ab} = P_a$

由 $P_{ab} \geq P_b/ER$，得出最低股权交换比率为：

$$ER_b = \frac{P_b \times S_a}{\beta \times (Y_a + Y_b + \Delta Y) - P_b \times S_b}$$

此时：$P_{ab} = P_b/ER_b$

从理论上讲，换股比例应在 ER_a 与 ER_b 之间。但在实际工作中，换股比例还取决于双方谈判中的讨价还价。

（四）市盈率法

市盈率（价格/收益比率）所反映的是公司在现行股票价格下的盈利能力，它的数字表达式是 P/E。根据市盈利计算并购价格的公式应为：并购价格=（P/E）×目标企业的税前或税后收益。企业的息税前利润（EBIT）或税后净利润（NPAT）的数字可以从它的损益表中得到。EBIT 是不考虑融资和财务结构对公司的运营盈利能力的，而 NPAT 将融资和财务结构等因素都考虑在内了。公司盈利又可按不同的标准体现为五种不同的水平：一是基于最近的盈利；二是基于平均盈利；三是基于可以体现收购公司的资本报酬率的增长盈利水平；四是基于预计盈利；五是基于收购公司所要求的资本报酬率。企业市盈率的高低主要取决于企业的预期增长率。企业并购中运用的市盈率经常是一段时期（比如 3~5 年）市盈率的平均值。只有在收益有较高的预期增长时才可使用较高的市盈率值。当这种方法用于那些经营状况稳定的企业时，平均市盈率就有较强的说服力。投资者对市盈率和每股收益都十分关注，因为它们决定着每股理论价格的高低。但是并购者买的是整个企业而不是部分股票，因此，直接用以市盈率计算的价格作为并购中的实际交易价格是不合适的，还要参考其他方法。

第三节　公司案例

案例一：桂林旅游（000978）

一、背景介绍

桂林旅游股份有限公司（以下简称"桂林旅游"或"本公司"），是经广西壮族自治区人民政府（桂政函【1998】40号文）批准，由桂林旅游发展总公司、桂林五洲旅游股份有限公司、桂林中国国际旅行社、桂林集琦集团有限公司、桂林三花股份有限公司共五家发起人，以发起方式设立的股份有限公司，公司设立时总股本18 000万股。1998年12月21日，公司临时股东大会通过了股份回购方案。1999年，经广西壮族自治区人民政府（桂政函【1999】67号文）批准，公司以1998年12月31日为基准日进行了股份回购，共计回购股份10 200万股，回购后公司总股本由18 000万股缩减为7 800万股。2000年4月14日，经中国证券监督管理委员会（证监发字【2000】42号文）批准同意公司向社会公众公开发行人民币普通股A股4 000万股，2000年4月21日，公司社会公众股通过深圳证券交易所系统以上网定价与向二级市场投资者配售相结合方式发行，并于5月18日挂牌上市交易，发行后公司总股本为11 800万股。公司于2001年4月下旬实施了2000年度股东大会通过的资本公积转增股本方案（10转增5），公司总股本增至177 000 000股。2006年5月19日，公司实施了股权分置改革，原非流通股股东以每10股送3.2股向原流通股股东作为获取流通权的支付对价。股权分置改革后，桂林旅游发展总公司持有63 885 709股，占总股本的36.09%；桂林五洲旅游股份有限公司持有30 262 565股，占总股本的17.1%。现任董事长陈青光先生，曾任桂林市旅游局第一副局长、局长。2009年公司员工共1458人，其中在岗员工1423人。2010年公司员工达3 817人，其中在岗人员3 712人。

公司的经营范围：公路旅行客运、游船客运、旅游工艺品制造、销售、仓储、卫星定位产品的销售及监控服务、入境旅游业务、国内旅游业务、出境旅游业务、旅游观光服务；以下经营范围仅分支机构使用：漓江码头管理、旅游餐饮服务及其他旅游服务、汽车出租、酒店、客运站。

二、行业介绍

公司所处行业为旅游行业。2008年，我国旅游业连续遭受金融危机等的冲击，面对严峻的市场形势，我国旅游行业总体上仍保持了平稳发展。旅游业总收入1.16万亿元人民币，比上年增长5.8%。2009年我国旅游业总体保持较快增长，旅游总收入实现较大幅度增长。全年旅游总收入约1.26万亿元人民币，比上年增长9%。尽管2008年的金融危机带来了全球总需求的疲软，也对我国旅游业带来不利影响，但目前我国旅游业正面临前所未有的发展机遇。2009年12月国务院正式出台了《关于加快发展旅游业的意见》，明确要把旅游业培育成为国民经济的战略性支柱产业和人民群众更加满意的现代服务业。我国旅游业正处于加快发展的战略机遇期，在宏观环境进一步好转的情况下，我国旅游经济在2010年有望实现更好更快发展。

三、公司主营业务分析

公司主要从事旅游服务及与旅游服务相关的业务，主营业务包括：游船客运、景区旅游业务、公路旅行客运、出租车业务。2009年度公司实现营业收入21 183.31万元，实现归属于公司股东的净利润3 380.71万元，分别比2008年度增长4.72%、46.02%。

本公司的主营业务均在广西壮族自治区，主要集中于桂林地区。报告期内公司景区收入为公司全资子公司贺州温泉旅游有限责任公司、桂林资江丹霞旅游有限责任公司，以及公司控股96.87%的桂林荔浦银子岩旅游有限责任公司、控股71.54%的桂林龙胜温泉旅游有限责任公司、控股51%的桂林荔浦丰鱼岩旅游有限责任公司的收入。报告期内公司其他收入为公司桂林旅游汽车运输有限责任公司的全资子公司桂林旅游服务接待中心有限责任公司的收入。

公司于2009年拥有游船82艘，共7 994客位，约占桂林市漓江游船客位总数的37%，公司漓江涉外游客的接待量约占桂林市漓江涉外游客总量的76.91%，漓江国内游客的接待量约占桂林市漓江国内游客总量的30.26%；公司拥有出租汽车290辆，约占桂林市出租汽车总量的15.68%；公司及其控股子公司共拥有大中型旅游客车193辆，约占桂林市旅游客车总量的8.72%。

2009年度公司漓江游船客运业务共接待游客72.49万人次，同比增加3%；公司景区（银子岩、丰鱼岩、龙胜温泉、贺州温泉、资江丹霞景区、丹霞温泉景区）共接待游客148.80万人次，同比增加10.46%；桂林旅游汽车运输有限责任公司共接待旅客47.28万人次，同比增加22.53%。

四、公司发展战略

平台发展战略：即地方战略平台—区域化战略平台—国际化、品牌化战略平台。地方战略平台即立足桂林，建立起以桂林为核心向大桂林旅游圈发展、扩张的框架；区域化战略平台即立足桂林，面向广西，整合旅游资源，培育新的利润增长点；第三个战略平台即立足广西，面向全国，走向世界，塑造企业品牌,将公司建设为具有本土文化背景的、具有国际竞争力的旅游企业。

资源控制战略:利用自身优势,采取收购、兼并、合作开发等模式,以控制优质旅游资源为主导,积极整合旅游资源。

坚持主业战略:坚持"以旅游业为主,积极、慎重发展相关产业"的方针,优化公司资产结构,提升资产质量。

五、资金需求及使用计划

公司于2009年9月28日召开的2009年第一次临时股东大会审议批准了关于向特定对象非公开发行股票方案等议案。公司拟非公开发行股票数量不超过10 000万股(含10 000万股),募集资金净额不超过109 447.14万元,募集资金投资项目包括:投资12 409.96万元收购桂林漓江大瀑布饭店100%权益项目、投资61 693.68万元整体收购桂林市"两江四湖"环城水系项目、投资4 843.50万元用于银子岩景区改扩建工程项目、偿还桂林漓江大瀑布饭店向中国农业银行桂林象山支行借取的30 500万元长期贷款四个项目。

中国证券监督管理委员会于2010年1月11日签发《关于核准桂林旅游股份有限公司非公开发行股票的批复》(证监许可[2010]44号),核准公司非公开发行股票不超过10 000万股,该批复自核准发行之日起6个月内有效。

公司于2010年1月22日正式启动非公开发行股票的发行工作,2010年1月26日确定向9名投资者发行10 000万股,发行价格10.25元。依据大信会计师事务有限公司出具的(大信验字[2010]第4-0004号)验资报告,截止到2010年2月2日(即本次募集资金转入公司募集资金专户日),公司本次非公开发行人民币普通股(A股)10 000万股,发行价格10.25元,募集资金总额102 500万元,扣除发行费用33 304 522.59元,募集资金净额991 695 477.41元。

本次发行新增股份已于2010年2月9日在中国证券登记结算有限责任公司深圳分公司办理完毕登记托管手续,于2010年3月9日在深圳证券交易所上市,限售期为12个月,上市流通时间为2011年3月9日。

本次发行股票募集资金扣除发行费用后的募集资金净额为991 695 477.41元,将按照轻重缓急顺序用于以下项目,如表6-3所示。

由于收购桂林漓江大瀑布饭店100%权益项目、整体收购桂林市"两江四湖"环城水系项目的评估基准日(2009年3月31日)到交割期时间跨度比较长,期间有关资产和有关股权的价值可能发生变化。根据收购合同,尚需进行交割审计,以交割审计的结果确定收购价款,因此,上述项目使用募集资金数额最终以交割审计的结果确定。

截止本报告出具之日,上述2个项目的交割审计工作尚未完成。

表 6-3 募集资金投资项目

序号	项目名称	拟投入募集资金数额（万元）
1	收购桂林漓江大瀑布饭店 100%权益项目：桂林漓江大瀑布饭店的评估价值为 12 409.96 万元	12 409.96
2	整体收购桂林市"两江四湖"环城水系项目： (1) 收购桂林市环城水系建设开发有限公司整体经营性资产（含下属公司股权），评估价值为 52 319.56 万元 (2) 支付桂林市环城水系建设开发有限公司为福隆园房地产项目，已发生的实际费用 9 374.12 万元，承继福隆园项目	61 693.68
3	银子岩景区改扩建工程项目	4 843.50
4	偿还桂林漓江大瀑布饭店向中国农业银行桂林象山支行借取的 30 500 万元长期贷款	20 222.41
	合计	99 169.55

六、并购过程

公司于 2009 年 9 月 28 日召开 2009 年第一次临时股东大会审议批准了关于向特定对象非公开发行股票方案等议案，公司拟非公开发行股票数量不超过 10 000 万股（含 10 000 万股），募集资金净额不超过 109 447.14 万元，募集资金投资项目依次为：投资 12 409.96 万元收购桂林漓江大瀑布饭店 100% 权益项目、投资 61 693.68 万元整体收购桂林市"两江四湖"环城水系项目、投资 4 843.50 万元用于银子岩景区改扩建工程项目及偿还桂林漓江大瀑布饭店向中国农业银行桂林象山支行借取的 30 500 万元长期贷款。

公司于 2010 年 1 月 22 日正式启动非公开发行股票的发行工作，2010 年 1 月 29 日，公司非公开发行股票经中国证券监督管理委员会以（证监许可[2010]44 号）《关于核准桂林旅游股份有限公司非公开发行股票的批复》核准，确定向铁岭新鑫铜业有限公司等 9 名特定投资者发行 10 000 万股人民币普通股（A 股），本次发行于 2010 年 2 月 1 日完成，经过竞价，本次发行最终确定的发行价格为 10.25 元/股。增加注册资本人民币 10 000 万元，变更后的注册资本为人民币 27 700 万元，实收股本为人民币 27 700 万元。由大信会计师事务有限公司审验，并出具了验资报告（大信验字[2010]第 4-0004 号）。

本次发行新增股份已于 2010 年 2 月 9 日在中国证券登记结算有限责任公司深圳分公司办理完毕登记托管手续，于 2010 年 3 月 9 日在深圳证券交易所上市，限售期为 12 个月，上市流通时间为 2011 年 3 月 9 日。

经审验，截止到 2010 年 2 月 2 日，本公司通过非公开发行人民币普通股（A

股）10 000万股，募集资金合计102 500万元。根据贵公司与主承销商、上市保荐人国海证券有限责任公司签定的协议，本公司支付国海证券有限责任公司的承销费用、保荐费用合计2 562.5万元；本公司募集资金扣除承销费用、保荐费用后的99 937.5万元已于2010年2月2日分别存入本公司在农行桂林象山支行的20-212301040003655账户和建行桂林龙泉路支行的45001635111005900888账户。此外本公司累计发生7 679 522.59元的其他发行费用，包括审计费261万元、评估费103万元、律师费182万元、差旅费2 219 522.59元。上述募集资金扣除承销费用及本公司累计发生的其他发行费用后，净募集资金人民币991 695 477.41元，其中增加股本10 000万元，增加资本公积891 695 477.41元，募集资金使用情况见表6-4。

表6-4　募集资金使用情况明细表

单位：万元

募集资金总额				99.16955955		本年度投入募集资金总额		90.24224	
报告期内变更用途的募集资金总额				0					
累计变更用途的募集资金总额				0		已累计投入募集资金总额		95.55204	
累计变更用途的募集资金总额比例				0					
承诺投资项目	是否变更项目（含部分变更）	募集资金承诺投资总额	调整后投资总额(1)	本年度投入金额	截至期末累计投入金额(2)	截至期末投资进度(%)(3)=(2)/(1)	项目达到预定可使用状态日期	本年度实现的效益	是否达到预计效益	项目可行性是否发生重大变化
收购桂林漓江大瀑布饭店100%权益项目	否	12 188.72	12 188.72	10 988.72	12 188.72	100	2010.3.1	954.88	是	否
整体收购桂林市"两江四湖"环城水系项目	否	59 937.56	59 937.56	56.867.56	59 937.56	100	2010.3.1	3 781.70	是	否
(1)收购桂林市环城水系建设开发有限公司整体经营性资产（含下属公司股权）	否	50 435.49	50 435.49	47 365.49	50 435.49	100	2010.3.1	1 150.52	是	否
(2)承继福隆园项目	否	9 502.07	9 502.07	9 502.07	9 502.07	100	2010.3.1	2 631.18	是	否
银子岩景区改扩建工程项目	否	4 843.50	4 843.50	186.19	1 225.99	25.31	2012.12.31	—	—	否
偿还桂林漓江大瀑布饭店向农行桂林象山支行的30 500万元长期贷款	否	22 199.77	22 199.77	22 199.77	22 199.77	100	2010.3.1	787.11	是	否
合计		99 169.55	99 169.55	90 242.24	95 552.04	96.35	—	5 523.69	—	—
未达到计划进度或预计收益的情况和原因（分具体项目）					不适用					
项目可行性发生重大变化的情况说明					不适用					
超募资金的金额、用途及使用进展情况					不适用					
募集资金投资项目实施地点变更情况					不适用					
募集资金投资项目实施方式调整情况					不适用					
募集资金投资项目先期投入及置换情况					注1					
用闲置募集资金暂时补充流动资金情况					不适用					
项目实施出现募集资金结余的金额及原因					不适用					
尚未使用的募集资金用途及去向					尚未使用的募集资金3 617.51万元，存放于募集资金专户，继续用于银子岩景区改扩建项目					
募集资金使用及披露中存在的问题或其他情况					不适用					

资料来源：2010年报 p41。

本次非公开发行股票募集资金投资项目包括：收购桂林漓江大瀑布饭店100%权益项目、整体收购桂林市"两江四湖"环城水系项目、银子岩景区改扩建工程项目、偿还桂林漓江大瀑布饭店向中国农业银行桂林象山支行借取的部分长期贷款四个项目。根据公司2009年第一次临时股东大会关于非公开发行股票的决议及相关资产收购合同，公司收购桂林漓江大瀑布饭店100%权益项目、整体收购桂林市"两江四湖"环城水系项目的收购日确定为2010年3月1日。公司自2010年3月1日起将收购的桂林市"两江四湖"环城水系经营实体纳入合并范围，因桂林漓江大瀑布饭店属于同一控制下的企业合并，自2010年1月1日起将其纳入公司财务报表合并范围，并按企业会计准则的规定，对公司可比财务报表合并范围相应调整。

本期公司独资设立桂林两江四湖旅游有限责任公司，承接公司收购的桂林市环城水系建设开发有限公司旅游经营性资产及其所属公司股权（不包括桂林环城水系房地产开发有限公司）和有关业务的运营管理。桂林环城水系房地产开发有限公司管理福隆园地产项目。

上述公司财务报表合并范围的变化，是本期末公司总资产、归属于上市公司股东的所有者权益、存货、无形资产、应收账款、管理费用等财务数据大幅变动的主要原因。

募集资金投资项目先期投入及置换情况如下：

截止到2010年2月28日，公司募集资金到位并使用，公司以自筹资金预先投入募集资金投资项目实际投资人民币53 097 974.75元，其中公司预付收购桂林漓江大瀑布饭店100%权益项目收购价款12 000 000元，预付收购桂林市环城水系建设开发有限公司的整体经营性资产收购价款30 700 000元，公司控股子公司桂林荔浦银子岩旅游有限责任公司支付银子岩景区改扩建工程项目款10 397 974.75元。

本公司于2010年3月16日召开的第四届董事会2010年第二次会议审议通过了关于以非公开发行股票募集资金置换自筹资金的议案，同意以非公开发行股票募集资金置换已预先投入募集资金投资项目的自筹资金53 097 974.75元。

1. 收购桂林漓江大瀑布饭店100%权益项目

依据《桂林漓江大瀑布饭店权益转让合同书》的约定，公司于2010年3月以桂林漓江大瀑布饭店100%权益的评估价值124 099 695.68元的50%支付了首笔收购款项，并对桂林漓江大瀑布饭店实施了经营和财务控制，收购日确定为2010年3月1日，交割审计基准日为2010年2月28日。桂林漓江大瀑布饭店100%权益在交割审计基准日2010年2月28日的价值为121 887 216.10元，即最终收购价格确定为121 887 216.10元，相比在评估基准日2009年3月31

日的价值 124 099 695.68 元,减少 2 212 479.58 元。公司本期已支付完毕该款项。桂林漓江大瀑布饭店 2010 年 1~12 月净利润 1 220.63 万元,其中 3~12 月净利润 1 741.99 万元。

2. 整体收购桂林市"两江四湖"环城水系项目

(1) 收购桂林市环城水系建设开发有限公司整体经营性资产(含下属公司股权)依据《转让桂林市环城水系建设开发有限公司资产合同书》的约定,公司于 2010 年 3 月以桂林市环城水系建设开发有限公司整体经营性资产(含下属公司股权)的评估(净)价值 52 319.56 万元的 50%支付了首笔收购款项,并对该整体经营性资产实施了控制,收购日确定为 2010 年 3 月 1 日,交割审计基准日为 2010 年 2 月 28 日。

(2) 承继福隆园项目依据《福隆园项目合作合同书》的约定,公司于 2010 年 3 月已支付桂林市环城水系建设开发有限公司截止到审计基准日 2009 年 3 月 31 日为福隆园房地产项目已发生的实际净支出 9 374.12 万元。公司整体收购桂林市"两江四湖"环城水系项目的价格确定为 599 375 593.16 元,相比在评估基准日 2009 年 3 月 31 日的价值 616 936 832.26 元,减少 17 561 239.10 元,其中:收购桂林市环城水系建设开发有限公司整体经营性资产的价格为 504 354 872.19 元,承继福隆园项目的对价为 95 020 720.97 元。公司本期已支付完毕上述款项。本期公司独资设立桂林两江四湖旅游有限责任公司,承接公司收购的桂林市环城水系建设开发有限公司旅游经营性资产及其所属公司股权(不包括环城水系房地产开发公司)和有关业务的运营管理。桂林环城水系房地产开发有限公司管理福隆园地产项目。2010 年 3~12 月两江四湖旅游业务净利润 1 150.52 万元。本报告期,公司承继的福隆园房地产项目完工交付土地 100.40 亩,实现营业收入 12 068.08 万元,净利润 2 631.18 万元。

3. 银子岩景区改扩建工程项目

银子岩景区改扩建工程项目计划投资 5 000 万元,其中使用募集资金 4 843.50 万元,该项目已实际投资 1 225.99 万元,本期尚无收益,剩余募集资金存放于桂林荔浦银子岩旅游有限责任公司募集资金专用账户。

4. 偿还漓江大瀑布饭店长期贷款项目

偿还漓江大瀑布饭店长期贷款计划使用募集资金 221 997 668.15 元。本期公司以现金 222 000 000 元(含募集资金 221 997 668.15 元)对漓江大瀑布饭店增资,增资资金已用于偿还漓江大瀑布饭店长期贷款,节约财务费用约 1 049.47 万元。

七、项目测算

（一）主要子公司及参股公司的经营情况及业绩分析

1. 十单位些桂林漓江大瀑布饭店（独资公司）

桂林漓江大瀑布饭店注册资本 24 817 万元，经营范围：主营住宿、饮食服务；兼营洗衣、理发、加工销售广式月饼、停车场管理。本公司持有其 100%的股权。2010 年期末桂林漓江大瀑布饭店总资产 40 510 万元，净资产 29 236 万元。2010 年度共接待游客 194 643 人次，营业收入 11 660 万元，营业利润 1 601 万元，净利润 1 221 万元。

2. 桂林两江四湖旅游有限责任公司（独资公司）

该公司注册资本 1 000 万元，经营范围：水上游览业务、演出项目的开发、物业管理等，主要经营桂林"两江四湖"景区，本公司持有其 100%的股权。2010 年期末该公司总资产 53 883 万元，净资产 52 166 万元，2010 年度共接待游客 595 170 人次，营业收入 4 580 万元，营业利润-504 万元，净利润 1 151 万元。

3. 桂林市环城水系房地产开发有限公司（独资公司）

该公司注册资本 800 万元，本期末总资产 1 593 万元，净资产 414 万元，经营范围为房地产开发、物业服务、建筑材料销售，本公司持有 100%股权。该公司主要管理福隆园地产项目。

福隆园项目共有可供开发土地 518.41 亩（其中约 21 亩土地为规划城市道路用地），公司承担开发土地的前期费用（一级开发），前期土地开发工作完成后，根据与房地产开发商约定的价格，将土地交付其进行后续开发（二级开发）。

本期福隆园项目交付开发商土地 100.4 亩，实现收入 12 068 万元、净利润 2 631 万元。

（二）公司的主要收购、出售资产情况

1. 公司以定向增发股票的募集资金 12 188.72 万元收购桂林漓江大瀑布饭店 100%权益。

2. 公司以定向增发股票的募集资金 59 937.56 万元整体收购桂林市"两江四湖"环城水系项目，其中：收购桂林市环城水系建设开发有限公司整体经营性资产的价格为 50 435.49 万元，以评估价值为基础定价；承继福隆园项目的对价为 9 502.07 万元。

（三）并购后总体经营情况

本报告期，公司营业收入、营业利润、归属于公司股东的净利润分别比上年同期增长 60.29%、61.01%、104.70%。上述指标增长的主要原因有以下几方面：

1. 2010 年度公司承继的福隆园地产项目交付开发商土地 100.4 亩，实现收入 12 068 万元、净利润 2 631 万元。

2. 2010 年度漓江大瀑布饭店接待量同比增长 17.27%，实现营业收入 11 660 万元，同比增长 9.44%；实现净利润 1 221 万元，同比增加 1 160 万元。

3. 公司自 2010 年 3 月 1 日起将收购的桂林市"两江四湖"环城水系经营实体纳入合并范围。桂林两江四湖旅游有限责任公司 2010 年 3～12 月实现营业收入 4 580 万元。

为使"两江四湖"景区在市场培育、推广期内有较好的投资回报，桂林市政府 2010 年给予 1 800 万元的补贴，桂林两江四湖旅游有限责任公司 2010 年度实现净利润 1 151 万元。

4. 龙胜温泉景区接待量同比增长 32.75%，实现营业收入 3 315 万元，同比增长 34.40%；实现净利润 633 万元，同比增长 1 446.95%。

5. 银子岩景区实现营业收入 4 266 万元，同比增长 15.24%；实现净利润 2 396 万元，同比增长 21.05%。

6. 公司参股 40% 的井岗山旅游发展股份有限公司本期净收益为 638 万元，同比增加 400 万元。

7. 公司参股 40% 的桂林新奥燃气有限公司、桂林新奥燃气发展有限公司本期净收益为 699 万元，同比增加 352 万元。

本期公司新增漓江大瀑布饭店业务、两江四湖旅游业务、福隆园地产项目业务。公司自 2010 年 3 月 1 日起将收购的桂林市"两江四湖"环城水系经营实体纳入合并范围，因桂林漓江大瀑布饭店属于同一控制下的企业合并，自 2010 年 1 月 1 日起将其纳入公司财务报表合并范围，并按企业会计准则的规定，对公司可比财务报表合并范围相应调整。2010 年 1～12 月漓江大瀑布饭店实现营业收入 11 660 万元、净利润 1 221 万元；两江四湖旅游业务 2010 年 3～12 月实现营业收入 4 580 万元、净利润 1 151 万元；福隆园地产项目本期实现收入 12 068 万元、净利润 2 631 万元。

（四）非公开发行股票盈利预测

1.《桂林旅游股份有限公司备考盈利预测审核报告》（大信核字 [2009] 第 4-0045 号）

根据该报告，本公司 2010 年营业收入的预测数为 58 515 万元，归属于公司股东的净利润预测数为 8 376 万元。

2010 年度公司实现营业收入 51 032 万元，归属于公司股东的净利润 7 044 万元，分别为预测数的 87%、84%。

2.《桂林环城水系建设开发有限公司盈利预测审核报告》（大信核字 [2009] 第 4-0044 号）

根据该报告，公司整体收购的桂林市"两江四湖"环城水系项目2010年度营业收入的预测数为20 422万元，归属于公司股东的净利润预测数为3 639万元。

2010年度，整体收购的桂林市"两江四湖"环城水系项目（两江四湖旅游业务和福隆园地产项目）实现营业收入16 648万元、净利润3 782万元，分别为预测数的82%、104%。

3.《桂林漓江大瀑布饭店盈利预测审核报告》（大信核字[2009]第4-0046号）

根据该报告，桂林漓江大瀑布饭店2010年营业收入的预测数为12 332万元，净利润为916万元。

2010年度，漓江大瀑布饭店实现营业收入11 660万元，净利润1 221万元，分别为预测数的95%、133%。

盈利预测如下：

（1）收购桂林漓江大瀑布饭店100%权益项目后盈利预测如表6-5所示。

表6-5　漓江大瀑布饭店盈利预测（单位：万元）

	收购前	收购后
	2009年	2010年
营业收入	10 256.16	12 331.50
利润总额	40.99	1 220.21
净利润	30.99	916.15
投资回报率	—	7.38%

注：上述测算未考虑公司利用本次非公开发行股票募集资金偿还桂林漓江大瀑布饭店向中国农业银行桂林象山支行借取的长期贷款，公司使用本次发行募集资金20 222.41万元偿还桂林漓江大瀑布饭店向中国农业银行桂林象山支行借取的长期贷款，将减少桂林漓江大瀑布饭店每年因贷款支出的财务费用，其利润水平得到提升。

（2）整体收购桂林市"两江四湖"环城水系项目。根据国有大正出具的《资产评估报告书》（国友大正评报字[2009]第69号），公司本次发行拟收购的环城水城水系公司的整体经营性资产（含下属公司股权）以2009年3月31日为评估基准日的净资产评估值为52 319.56万元，该评估结果已经广西壮族自治区国有资产监督管理委员会（桂国资复[2009]152号文）核准。根据大信会计师事务有限公司出具的审计报告，环城水系公司已支付的前期土地开发费用共计16 674.12万元，已预收的款项共计7 300万元。

公司整体收购桂林市"两江四湖"环城水系项目中环城水城水系公司的整体经营性资产（含下属公司股权）的转让价格以评估值确定为52 319.56万元，承继福隆园项目支付的价款以审计值确定为9 374.12万元，资产自评估截止日至资产交付日所产生收益的归属由双方聘请的境内会计师事务所对有关权益自评估基准日到交割审计基准日的盈亏数额进行交割审计后确定。

公司整体收购桂林市"两江四湖"环城水系项目拟使用募集资金 61 693.68 万元，最终具体数额以交割审计确定。

"两江四湖"环城水系项目（含福隆园项目）2009~2010 年收入和盈利预测如表 6-6 所示。

表 6-6 "两江四湖"环城水系项目 2009~2010 年收入及盈利预测（单位：万元）

项目	2009 年	2010 年
营业收入	6 735.37	20 422.33
营业利润	-146.93	4 574.66
利润总额	-49.28	4 673.66
净利润	-49.28	3 639.24

（3）银子岩景区改扩建工程项目。公司拟通过该项目将银子岩景区改造成为具有汽车宿营地功能的观光与休闲度假相结合的旅游景区，该项目已经桂林市发展和改革委员会出具的《基本建设投资项目登记备案证》（市发改登字[2007] 064 号）文件备案，已取得广西壮族自治区环境保护局核发的《关于桂林荔浦银子岩景区改扩建项目环境影响报告书的批复》（桂环管字[2005] 106 号）。

该项目总投资为 5 000 万元，拟使募集资金 4 843.50 万元，改扩建工程完工并投入运营后可新增年 926.5 万元净利润，投资年收益率（静态）为 18.53%。

（4）偿还桂林漓江大瀑布饭店向中国农业银行桂林象山支行借取的 30 500 万元长期贷款。截止到 2009 年 9 月 31 日，漓江大瀑布饭店资产负债率高达 87.66%，远高于酒店业上市公司 30.56%的平均水平。公司利用本次非公开发行股票募集资金 20 222.41 万元偿还漓江大瀑布饭店借取的银行贷款，有利于减轻漓江大瀑布饭店的债务负担，降低资产负债率，改善财务结构，提高抗风险能力；有利于减少漓江大瀑布饭店财务费用，充分挖掘其盈利能力，提高其盈利水平；符合现行国家政策和法律法规规定，是必要的和可行的。

（五）财务数据分析

1. 现金流量法分析

计算公式：$NPV = \sum_{i=1}^{n} \frac{CF_t}{(1+i)^t} - C$

举例说明如表 6-7 所示。

表 6-7 2009~2011 现金流量明细表

序号	年度	经营活动产生的现金流量净额（元）	名义利率	通货膨胀率	实际利率	时间（年）
1	2009 年	110 860 556.00	2.25%	0.70%	3.21%	1
2	2010 年	109 608 571.21	2.50%	3.30%	0.76%	2
3	2011 年	116 599 071.04	3.50%	4.90%	0.71%	3

$$NPV = \frac{CF_{t_1}}{(1+i_1)^3} + \frac{CF_{t_2}}{(1+i_2)^2} + \frac{CF_{t_3}}{1+i_3} - C$$

=324 561 182−1 025 000 000=−700 438 818（元）

2. 财务数据分析

（1）每股收益对比，举例说明如图 6-1 所示。

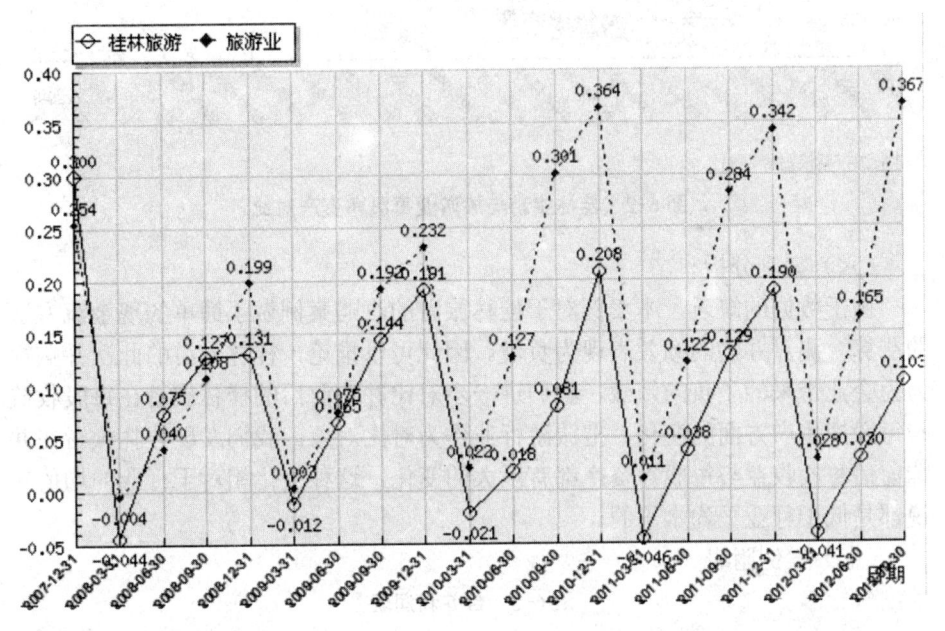

资料来源：新浪财经网站。

图 6-1 桂林旅游与旅游业每股收益对比

(2) 每股净资产对比，举例说明如图 6-2 所示。

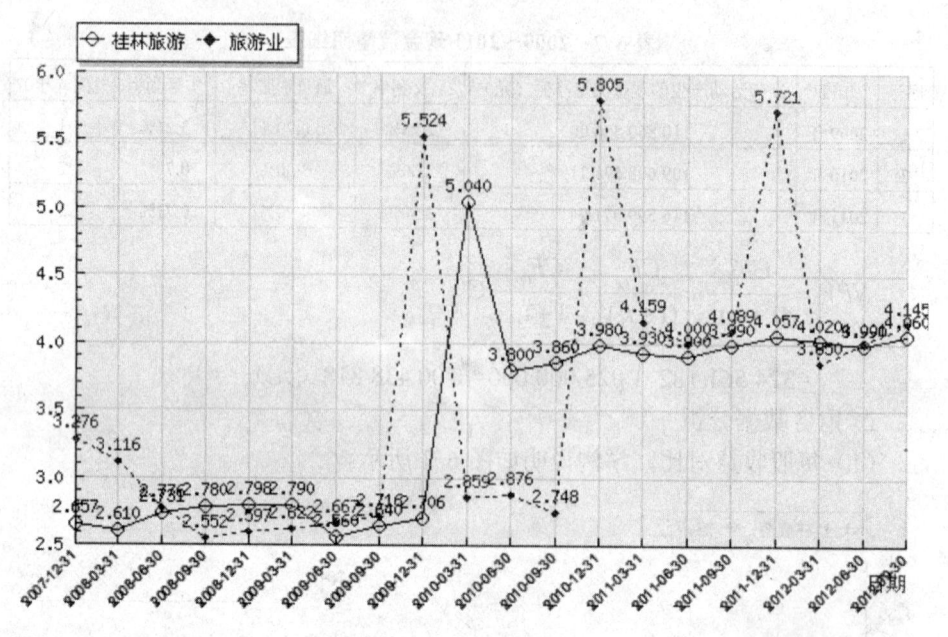

资料来源：新浪财经网站。

图 6-2 桂林旅游与旅游业每股净资产对比

(六) 案例分析

由于数据的缺乏，本案例对于桂林旅游的收购案例做了简单的现金流方法的测算。测算并购的绩效表现为负值。因此可以推论，桂林旅游的此次并购行为为企业带来的了负的绩效，我们进一步对比并购前后的桂林旅游在每股收益与每股净资产方面的变化，把旅游行业作为对比对象。我们发现桂林旅游在并购前后每股收益与每股净资产都有巨大的变化，这种变化相对于行业的均值来说都是低于行业平均水平的。

(七) 案例附表

表 6-8 合并利润表

单位：人民币元

项　目	2010-12-31	2009-12-31 日	2008-12-31
一、营业总收入	510 322 440.72	211 833 122.48	202 288 009.57
其中：营业收入	510 322 440.72	211 833 122.48	202 288 009.57
二、营业总成本	474 161 754.79	194 855 948.30	199 482 429.38
其中：营业成本	271 805 768.52	108 412 065.29	107 592 801.71

营业税金及附加	33 794 470.93	11 171 914.73	10 572 585.10
销售费用	9 107 389.55	5 042 097.09	4 522 057.12
管理费用	124 676 941.63	51 919 451.04	56 746 638.83
财务费用	30 345 887.39	17 937 657.17	19 745 229.25
资产减值损失	4 431 296.77	372 762.98	303 117.37
加：公允价值变动收益（损失以"-"号填列）			
投资收益（损失以"-"号填列）	26 865 086.88	21 424 300.61	23 914 042.06
其中：对联营企业和合营企业的投资收益	14 601 253.59	8 617 914.04	12 129 285.82
三、营业利润（亏损以"-"号填列）	63 025 772.81	38 401 474.79	26 719 622.25
加：营业外收入	19 947 243.37	477 650.42	961 058.81
减：营业外支出	147 260.72	728 042.89	309 589.13
其中：非流动资产处置净损失	19 219.63	2 572.02	20 474.36
四、利润总额（亏损总额以"-"号填列）	82 825 755.46	38 151 082.32	27 371 091.93
减：所得税费用	14 548 767.27	5 192 976.44	4 671 819.60
五、净利润（净亏损以"-"号填列）	68 276 988.19	32 958 105.88	22 699 272.33
其中：归属于母公司所有者的净利润	70 441 589.24	33 807 080.23	23 152 884.32
少数股东损益	-2 164 601.05	-848 974.35	-453 611.99
六、每股收益：			
（一）基本每股收益（元/股）	0.208	0.191	0.131
（二）稀释每股收益（元/股）		0.191	0.13
七、其他综合收益	23 796.05		
八、综合收益总额	68 300 784.24	32 958 105.88	22 699 272.33
其中：归属于母公司所有者的综合收益总额	70 465 385.29	33 807 080.23	23 152 884.32

编制单位：桂林旅游股份有限公司

表 6-9 合并现金流量表

单位：人民币元

项 目	2010 年度	2009 年度	2008 年度
一、经营活动产生的现金流量：			
销售商品、提供劳务收到的现金	401 662 283.87	317 340 821.58	198 355 097.30
收到的税费返还	400 000.00	126 000.00	372 282.10
收到其他与经营活动有关的现金	38 412 165.22	14 524 811.82	6 700 969.14
经营活动现金流入小计	440 474 449.09	331 991 633.40	205 428 348.54

购买商品、接受劳务支付的现金	150 845 860.64	63 703 973.29	51 242 003.51
支付给职工以及为职工支付的现金	113 513 993.27	91 166 924.18	74 889 417.54
支付的各项税费	38 739 121.39	31 518 864.19	24 171 484.67
支付其他与经营活动有关的现金	27 766 902.58	34 741 315.74	14 728 667.31
经营活动现金流出小计	330 865 877.88	221 131 077.40	165 031 573.03
经营活动产生的现金流量净额	109 608 571.21	110 860 556.00	40 396 775.51
二、投资活动产生的现金流量：			5 296 682.29
投资活动现金流入小计	17 018 646.02	23 487 211.10	26 426 339.56
投资活动现金流出小计	739 247 962.20	77 718 798.20	99 496 234.70
投资活动产生的现金流量净额	−722 229 316.18	−54 231 587.10	−73 069 895.14
三、筹资活动产生的现金流量：			
筹资活动现金流入小计	1 261 940 000.00	263 039 130.72	240 605 700.00
筹资活动现金流出小计	529 717 618.06	311 222 014.23	205 213 158.37
筹资活动产生的现金流量净额	732 222 381.94	−48 182 883.51	35 392 541.63
四、现金及现金等价物净增加额	119 601 636.97	8 446 085.39	2 719 422.00
加：期初现金及现金等价物余额	110 561 847.30	102 115 761.91	93 319 183.26
五、期末现金及现金等价物余额	230 163 484.27	110 561 847.30	96 038 605.26

编制单位：桂林旅游股份有限公司

案例二：华侨城 A（000069）

一、背景介绍

深圳华侨城控股股份有限公司（以下简称"本公司"）是经国务院侨务办公室（侨经发[1997]第 03 号）及深圳市人民政府（深府函[1997]第 37 号）批准，由华侨城经济发展总公司（国有独资，现名华侨城集团公司，以下简称"华侨城集团"）经重组其属下部分优质旅游及旅游配套资产独家发起设立的，从事旅游业及相关产业经营的股份有限公司。1997 年 7 月 22 日经中国证券监督管理委员会（证监发字[1997]第 396 号）批准，公司于 1997 年 8 月 4 日向社会公开发行普通股 5 000 万股（含内部职工股 442 万股），发行价每股 6.18 元。1997 年 9 月 2 日，本公司在深圳市工商行政管理局注册登记，注册资本为人民币 19 200 万元。1997 年 9 月 10 日，社会公众股（除内部职工股外）在深圳证券交易所上市交易，股票简称"华侨城 A"，股票代码"000069"。

公司属旅游服务行业，主要经营主题公园、酒店服务、房地产开发、纸包装等。

经营范围包括：旅游及其关联产业的投资和管理，投资兴办实业（具体项目另行申报），国内商业（不含专营、专控、专卖商品），进出口业务。

(一) 行业介绍

随着我国经济在2009年取得超预期的增长，市场信心明显增强，但经济社会发展中仍存在如经济增长内生动力不足、自主创新能力不强、结构调整难度加大等突出矛盾和问题。2010年我国宏观经济政策的主旋律是"转变经济发展方式、调整优化经济结构"，其中将包括加快发展旅游业等服务业、积极拓展新型服务领域等系列举措。从行业发展环境来看，受益于国民经济的持续走强，人均收入的大幅提高，大众消费观念的改变和提升，文化旅游产品的升级换代，以及国务院《关于促进旅游业发展的意见》的出台，我国文化旅游产业将进入加速发展时期。

(二) 公司主营业务分析

本公司目前的主营业务是旅游、房地产和纸包装。占公司营业收入10%以上的行业为旅游业和房地产业。本报告期内，本公司的营业收入取得了历史最好成绩。在2009年度实现营业收入1 095 695.74万元，其中主营业务收入1 089 448.66万元，实现营业利润237 834.43万元。本公司在全球旅游景区集团处于八强的位置，在2009年全年共实现旅游综合业务收入70.6亿元，共接待游客1800万人次，再创历史新高，并进一步巩固了突出的位置。公司房地产业务在竣工面积、销售面积、销售收入和利润方面均实现历史性的突破，房地产收入325 080.03万元，营业成本136 324.62万元，毛利率58.06%。其包装印刷业务也在稳健拓展中，纸包装收入60 421.23万元，营业成本136 324.62万元，毛利率58.06%。

(三) 公司发展战略

从宏观经济形势看，2010年，随着国际金融市场渐趋稳定，世界经济有望恢复性增长，但经济复苏基础仍然脆弱，外部环境不稳定、不确定因素依然很多。从国内来看，温家宝总理在政府工作报告中指出，随着我国经济在2009年取得超预期的增长，市场信心明显增强，但经济社会发展中仍存在如经济增长内生动力不足、自主创新能力不强、结构调整难度加大等突出矛盾和问题。2010年我国宏观经济政策的主旋律是"转变经济发展方式、调整优化经济结构"，其中将包括加快发展旅游业等服务业、积极拓展新型服务领域等系列举措。从行业发展环境来看，受益于国民经济的持续走强，人均收入的大幅提高，大众消费观念的改变和提升，文化旅游产品的升级换代，以及国务院《关于促进旅游业发展的意见》的出台，我国文化旅游产业将进入加速发展时期。从公司自身来看，华侨城集团主营业务整体上市，不仅实现了优质资源的有效整合，实现了优质国有资产向国有控股上市公司集中，给公司创造了统筹运作、提高运营效率、快速发展的内部机制,也给予了公司支持快速发展的资源条件,包括相对丰裕的综合开发资源、较强的融资能力和完善规模化发展的若干产业要素。综上,公司所面临的内外部发展环境,都向公司提出了加快发展的要求。在此背景下,2010年公司总的发展思路是:牢牢把握公司业务发展机遇期,以华侨城集团主营业务整体上市为契机,深化体制和机制改革,建立起统一、高效的经营运作平台和可持续发展的经营结构。积极依托资本市场,加快发展,做强做大。

二、资产重组过程

(一)决策过程

2009年6月24日,本公司2009年第二次临时股东大会决议审议通过《关于公司非公开发行股份购买资产符合相关法律法规规定的议案》和《关于发行股份购买资产暨关联交易的具体方案的议案》,公司向控股股东华侨城集团非公开发行股份购买华侨城集团所持有的12家标的公司全部股权。2009年10月14日,中国证监会下发《关于核准深圳华侨城控股股份有限公司向华侨城集团公司发行股份购买资产的批复》(证监许可[2009]1083号),核准本公司向华侨城集团发行486 389 894股股份购买相关资产,发行价为15.16元股。其中,对9家公司的股权购买形成同一控制下合并,对3家公司的股权购买为收购少数股权。

商务部于2008年7月25日出具《商务部关于同意香港华侨城有限公司股权转让的批复》(商合批[2008]626号文),同意华侨城集团将其持有的香港华侨城100%的股权转让给本公司,并要求在接到批文后,换领《中国企业境外投资批准证书》,并凭批准证书于一年内办理其他相关手续。2009年8月,商务部同意将批准证书有效期延至2010年9月11日。

2009年6月19日,本次交易之具体方案获得国务院国资委之批准《关于深圳华侨城控股股份有限公司非公开发行股票有关问题的批复》(国资产权[2009]420号的核准。

2009年10月14日,中国证监会下发《关于核准深圳华侨城控股股份有限公司向华侨城集团公司发行股份购买资产的批复》(证监许可[2009]1083号),核准本公司向华侨城集团公司发行486 389 894股股份购买相关资产。

(二)参与合并企业基本情况

1. 合并方为本公司,本公司控股东为华侨城集团公司。合并前华侨城集团公司持本公司48.26%股权,合并后持有本公司56.36%股权。

2. 被合并方基本情况如表6-10所示。

表 6-10 被合并企业基本情况

序号	被合并企业	注册资本（万元）	购买股权(%)	主营业务	最终控制方
1	华侨城房地产	100 000	60.00	房地产	华侨城集团
2	华侨城投资	20 000	51.00	投资	华侨城集团
3	成都华侨城	40 000	2.00	旅游、房地产	华侨城集团
4	酒店集团	80 000	82.00	酒店服务业	华侨城集团
5	酒店管理公司	15 000	20.00	酒店服务业	华侨城集团
6	香港华侨城	HK45 500	100.00	纸包装及制造	华侨城集团
7	华侨城物业	600	45.00	服务业	华侨城集团
8	水电公司	1 000	100.00	服务业	华侨城集团
9	华中发电	4 257	71.83	制造业	华侨城集团

参与合并的各方，在合并前后均受华侨城集团公司控制，且控制时间均在一年以上。对上表 9 家公司的合并为同一控制下合并。

3. 合并日的确定。

（1）2009 年 10 月 21 日，华侨城集团将持有的华侨城房地产 60%股权、华侨城投资 51%股权、酒店集团 82%股权、酒店管理公司 20%股权、物业管理公司 45%股权、水电公司 100%股权、华中电厂 71.83%股权在深圳市市场监督管理局办理完毕股权过户手续，前述股权持有人已变更为本公司。

（2）就华侨城集团转让其所持有的成都华侨城 2%的股权事宜，已于 2009 年 10 月 22 日取得四川省商务厅出具的《四川省商务厅关于同意成都天府华侨城实业发展有限公司股东股权变更的批复》(川商审批[2009]327 号)，于 2009 年 10 月 23 日取得四川省人民政府出具的《中华人民共和国台港澳侨投资企业批准证书》(川府蓉[2005]0014 号)，并于 2009 年 10 月 23 日在成都市工商行政管理局办理完毕变更登记手续，前述股权持有人已变更为本公司。

（3）根据香港华侨城相关资料，以及香港龙炳坤杨永安律师行于 2009 年 10 月 29 日出具的相关法律意见，华侨城集团将其持有的香港华侨城 100%股权转让事宜已于 2009 年 10 月 21 日完成，前述股权持有人已变更为本公司。

（4）2009 年 10 月 14 日，中国证监会核发《关于核准深圳华侨城控股股份有限公司向华侨城集团公司发行股份购买资产的批复》(证监许可[2009]1083 号)，核准华侨城 A 向华侨城集团发行 486 389 894 股股份认购相关资产。

（5）2009 年 11 月 4 日，本公司在中国证券登记结算有限责任公司深圳分公司办理了本次向华侨城集团非公开发行股份的股权登记手续，中国证券登记结算有限责任公司深圳分公司出具了《证券登记确认书》。

（6）合并日为2009年10月31日。

4. 权益性证券的数量及定价原则。

华侨城集团与本公司一致同意，根据经国务院国有资产监督管理委员会备案的资产评估结果为基础，确定本次交易标的资产的交易价格。依据中企华出具的中企华评报字（2009）第140-01、140-02、140-03、140-04、140-05、140-06、140-07、140-08、140-09、140-10、140-11、140-12号《资产评估报告书》，本公司本次通过向华侨城集团发行股份购买标的资产的评估值为737 367.08万元（评估基准日为2008年12月31日）。

本公司非公开发行股票的价格为以2009年6月9日公司第四届董事会第二十六次临时会议决议公告日为定价基准日，发行价格为定价基准日前20个交易日华侨城A股票交易均价，即每股人民币15.16元。

5. 被合并方的资产、负债在上一会计期间资产负债表日及合并日的账面价值；被合并方自合并当期期初至合并日的收入、净利润等情况，如表6-11所示。

表6-11 被合并方收入、净利率情况一览表

单位：元

序号	被合并企业	2008年12月31日账面价值	2009年10月31日账面价值	期初至合并日收入	期初至合并日归属于母公司净利润
1	华侨城房地产	4 156 937 185.69	4 815 051 015.85	2 672 974 758.78	620 886 467.34
2	华侨城投资	357 376 498.91	431 082 942.23	—	73 706 443.32
3	成都华侨城	310 183 139.15	302 961 827.89	1 130 079 783.06	-7 221 311.26
4	酒店集团	862 171 328.91	855 053 851.27	550 111 976.07	-7 117 477.64
5	酒店管理公司	134 683 374.83	135 201 429.34	141 590 304.17	518 054.51
6	香港华侨城	487 695 219.34	488 192 505.03	484 106 335.12	1 348 397.50
7	华侨城物业	14 058 478.65	13 237 796.45	107 655 727.33	3 418 025.56
8	水电公司	68 110 622.66	81 397 857.05	194 524 427.55	13 287 234.39
9	华中发电	49 223 894.40	50 490 912.68	35 227.00	1 267 018.28

6. 合并协议约定的损益归属。

本公司自资产评估基准日至交割审计日期间产生的利润，华侨城集团按本次非公开发行前原有持股比例享有。

标的资产自评估基准日至交割日期间形成的损益由华侨城集团享有。评估基准日至交割日期间按标的资产账面价值计算形成的损益为406 464 096.80元。

根据《上市公司重大资产重组管理办法》（证监会令第53号）第十七条的规定，在公司重大资产重组过程中，编制了公司2009年备考合并盈利预测报告，预测公司2009年实现归属于母公司所有者的净利润138 619.80万元。公司2009年财务报告已经中瑞岳华会计师事务所审计并出具了标准无保留意见审计报告

（中瑞岳华审字[2010]第 05286 号），经审计的公司 2009 年归属于母公司所有者的净利润为 170 557.34 万元，完成预测利润数的 123.04%。

三、财务分析

（一）现金流量法分析

计算公式：$NPV = \sum_{i=1}^{n} \frac{CF_t}{(1+i)^t} - C$，举例说明如表 6-12 所示。

表 6-12 本公司 2009～2011 现金流量表

序号	年度	经营活动产生的现金流量净额（元）	名义利率	通货膨胀率	实际利率	时间（年）
1	2009 年	7 256 315 254.49	2.25%	0.70%	3.21%	1
2	2010 年	-5 361 569 250.37	2.50%	3.30%	0.76%	2
3	2011 年	-1 741 157 615.04	3.50%	4.90%	0.71%	3

$$NPV = \frac{CF_{t_1}}{(1+i_1)^3} + \frac{CF_{t_2}}{(1+i_2)^2} + \frac{CF_{t_3}}{1+i_3} - C$$

=-410 773 905.4-486 389 894×15.16=-7 784 444 698（元）

（二）每股收益对比分析

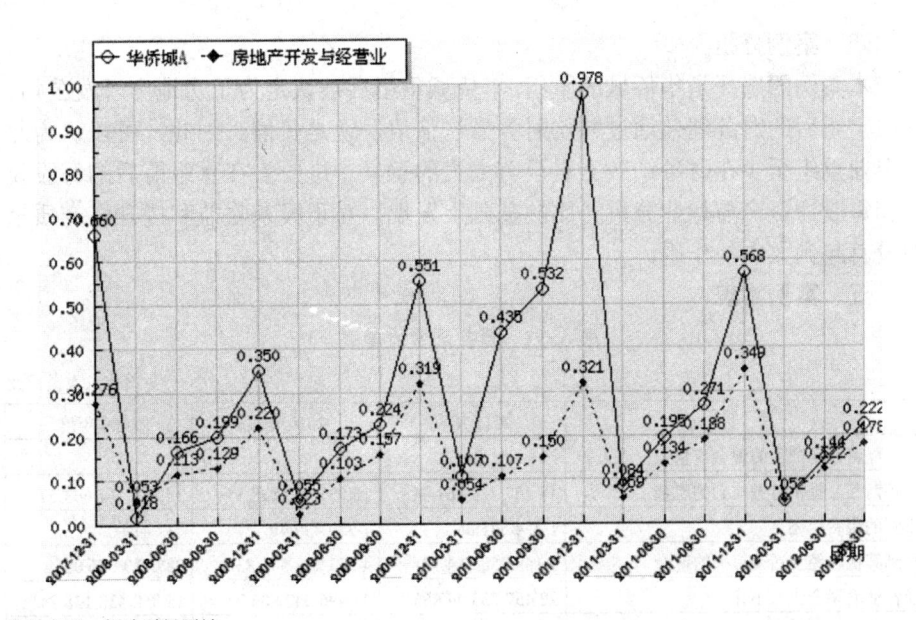

资料来源：新浪财经网站。

图 6-3　华侨城 A 与房地产开发与经营业每股收益对比

（三）每股净资产对比分析

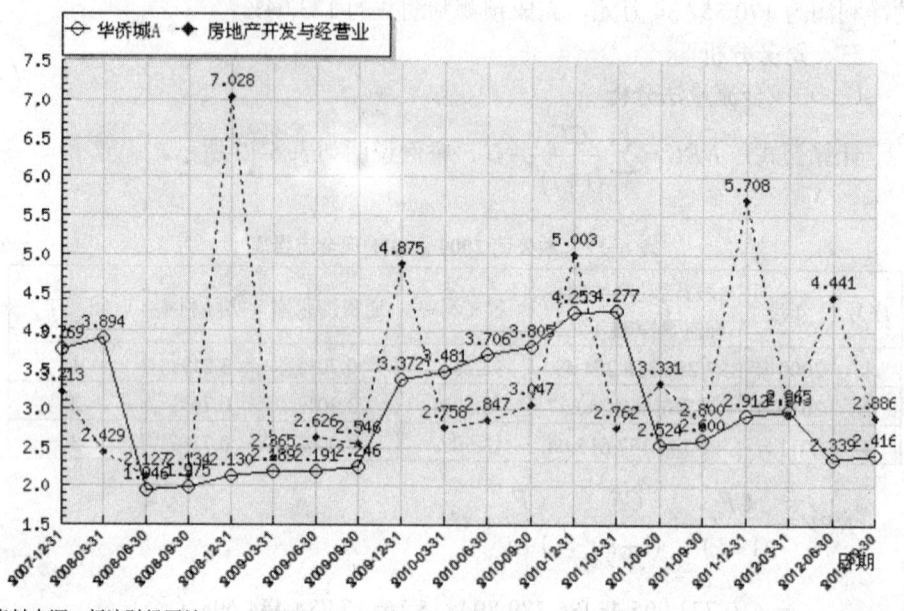

图6-4 每股净资产对比分析

资料来源：新浪财经网站。

四、案例分析

本案例的选择是华侨城的重组，华侨城重组后被认定为了房地产开发公司。本次重组后的财务绩效通过并购财务方法估值发现是负值。因此，可以认为此次企业重组至少在财务绩效上看没有太大的意义。进一步在重组前后的每股收益和每股净资产与行业分析对比的基础上发现，对于股东收益和提升资产质量都没有起到太大的作用。

五、案例附表

表6-13 合并现金流量表

单位：人民币元

项 目	2011年度	2010年度	2009年度
一、经营活动产生的现金流量：			
销售商品、提供劳务收到的现金	18 287 720 161.44	16 931 123 828.55	14 865 767 643.57
收到的税费返还	1 754 571.38	1 320 439.40	737 419.09
收到其他与经营活动有关的现金	4 168 258 714.73	4 563 598 538.83	985 933 076.08
经营活动现金流入小计	22 457 733 447.55	21 496 042 806.78	15 852 438 138.74
购买商品、接受劳务支付的现金	17 093 005 918.14	19 315 762 822.79	4 489 072 799.76
支付给职工以及为职工支付的现金	1 377 170 516.09	999 019 925.93	802 721 888.53

支付的各项税费	3 354 721 865.28	2 291 075 205.26	1 353 163 439.26
支付其他与经营活动有关的现金	2 373 992 763.08	4 251 754 103.17	1 951 164 756.70
经营活动现金流出小计	24 198 891 062.59	26 857 612 057.15	8 596 122 884.25
经营活动产生的现金流量净额	-1 741 157 615.04	-5 361 569 250.37	7 256 315 254.49
二、投资活动产生的现金流量：			
投资活动现金流入小计	411 367 381.03	1 508 626 204.16	1 474 397 093.14
投资活动现金流出小计	3 670 677 473.97	4 648 630 234.64	3 819 420 237.02
投资活动产生的现金流量净额	-3 259 310 092.94	-3 140 004 030.48	-2 345 023 143.88
三、筹资活动产生的现金流量：			
筹资活动现金流入小计	15 694 198 622.19	20 017 804 702.50	8 333 379 486.88
筹资活动现金流出小计	10 013 260 533.63	9 036 446 128.66	12 132 653 532.23
筹资活动产生的现金流量净额	5 680 938 088.56	10 981 358 573.84	-3 799 274 045.35
四、汇率变动对现金及现金等价物的影响	59 532.63	-1 583 696.03	-187 591.39
五、现金及现金等价物净增加额	680 529 913.21	2 478 201 596.96	1 111 830 473.87
加：期初现金及现金等价物余额	5 427 005 455.56	2 948 803 858.60	1 836 973 384.73
六、期末现金及现金等价物余额	6 107 535 368.77	5 427 005 455.56	2 948 803 858.60

编制单位：深圳华侨城控股股份有限公司

第七章 资本结构与股利政策

第一节 基本理论

一、资本成本

所谓资本成本，是指企业为取得和长期占有并使用资金而付出的代价。资本成本的实质是机会成本。它包括资本的取得成本和使用成本两部分。其中，资本的取得成本，是指企业在资本筹措过程中所发生的各种费用，又称为筹资费用，如发行证券支付的印刷费、发行手续费、律师费、资信评估费、公证费、广告费等。而资本的占用成本，是指企业因占用资本而向资本提供者支付的代价，包括支付给债权人的利息、支付给股东的股息以及支付给投资者的红利。资本成本的高低归根结底是由投资风险决定的，是证券市场与企业投资风险以及投资者偏好共同作用的结果。此外资本成本还受到公司所得税、企业资本结构等因素的影响。所得税主要指与负债相关的税收的税盾作用，企业的负债利息可以在计算缴纳所得税前扣除，享受了一部分的税收优惠，因此企业负债的真实资本成本应该为税后成本。资本成本的表现形式有两种：一种是绝对额，即筹资费用加用资费用，反映的是筹集一定总额资金的全部费用；一种是相对数，即资本成本率，反映的是筹集每百元资金的代价，由于资本成本绝对额不便于比较，所以资本成本一般采取比率形式，并且有多种计量方法。如个别资本成本包括普通股成本、留存收益成本、长期借款成本、债券成本；在进行资本结构决策时，使用加权平均资本成本；在进行追加筹资决策时，则使用边际资本成本。

（一）个别资本成本的计量

个别资本成本包括债务资本成本和权益资本成本两类，其中，债务资本成本又包括长期债券成本和长期借款成本，权益资本成本又包括普通股成本、优先股成本和收益成本。个别资本成本是相对各种融资方式单独进行计算的融资成本。在公司理财中通常用资本成本相对数即资本成本率作为衡量资本成本高低的标准，以便对不同条件下筹集资金的资本成本进行分析和比较，通常的资本成本率的计算是就一般情况而言的。由于筹资费用、利息的抵税功能、利率、参与剩余资产分配的权利的先后顺序等影响资本成本的具体因素不同，采用不同的筹资方式，其资本成本率的计算方法也有区别，结果必定存在差异。从现有的研究成果可得出几种筹资方式的资本成本率的大小依次为：长期借款<长期债券<优先股<留存收益<普通股。

1. 普通股成本

这里的普通股指企业新发行的普通股。普通股和留存收益都是企业的所有者权益，因此它们的资本成本统称为"权益成本"；前者称为内部权益成本，后者称为外部权益成本。

（1）股利增长模型，假定收益固定的年增长率 G 递增时，股票的每股价格 P_0 可以写成：

$$P_0 = \frac{D_0(1+G)}{K_{os} - G} = \frac{D_1}{K_{os} - G}$$

整理得出：$K_{os} = \frac{D_1}{P_0} + G$

式中：K_{os} 为留存收益成本；

D_1 为预期年股利额；

P_0 为普通股市价；

G 为普通股股利年增长率。

（2）资本资产定价模型，按照资本资产定价模型，普通股成本计算公式为：

$$K_{os} = R_F + \beta(R_m - R_f)$$

其中：R_f 为无风险报酬率；

β 为股票的贝塔系数；

R_m 为平均风险股票必要收益率；

R_F 市场收益率。

2. 留存收益成本

留存收益是企业缴纳所得税后形成的，其所有权属于股东。股东将公司未分派的税后利润留存于企业，实质上是对企业追加投资。

（1）股利增长模型，同普通股成本的计算一致，公式为：

$$K_{rs} = \frac{D_1}{P_0} + G$$

（2）资本资产定价模型，参照普通股成本的计算，公式为：

$$K_{rs} = R_f + \beta(R_m - R_f)$$

（3）风险溢价，根据投资"风险越大，要求的报酬率越高"的原理，公式为：

$$K_{rs} = K_b + RP_c$$

式中，K_b 为债务成本；

RP_c 为股东比债权人承担更大风险所要求的风险溢价。

3. 优先股成本

优先股永远在每期排法固定的股息。因此计算公式为：

$$R_p = \frac{D}{P_0}$$

4. 债务成本

（1）不含筹资费用的税后债务成本：

$$P_0 = \sum_{i=1}^{n} \frac{P_i + I_i(1-t)}{(1+K_d)^i}$$

式中，K_d 为债务成本；

P_0 为债券的发行价格或借款的金额，即债务的现值；

P 为本金的偿还金额的时间；

I_i 为债务的约定利息；

n 为债务的期限；

t 为企业所得税。

（2）含筹资费用的税后债务成本：

$$P_0(1-F) = \sum_{i=1}^{n} \frac{P_i + I_i(1-t)}{(1+K_d)^i}$$

式中，F 为筹资费用的比率。

（二）加权平均资本成本

综合资本成本，又称为加权平均资本成本，它是以各种个别资本占全部长期资本的比重为权数，对个别资本成本进行加权计算的平均资本成本。其计算公式为：

$$WACC = \sum_{j=1}^{n} K_j W_j = 优先股权重 \times 优先股成本 + 普通股权重 \times 普通股成本 +$$

债务权重×债务成本 ×（1-税率）

式中：K_j 为第 j 种个别资本成本；

W_j 为第 j 种个别资本占全部资本的比重。

要计算资本的加权平均成本，就要知道每种资本来源的成本和每种资本来源在公司融资总额中所占的比例。例如，公式中债务的权重定义如下：债务市值/（普通股市值+债务市值+优先股市值）如果公司公开发行债券，那么债务的市值也较容易得到。常见的是，很多公司也有较大数额的银行贷款，这部分的市值并不容易计算。但是，因为债务的市值和它的面值比较接近（至少对公司来讲，贷款利率没有较大变化），所以在 WACC 公式中常用面值代替。KW 一般以各种资本占全部资本的比重 W_j 为权数，对个别资本成本 K_j 进行加权平均确定，此公式通常在进行资本结构决策时使用。因此，企业要降低综合资本成本，不仅要降低个别资本成本，而且要适当提高资本成本较低的个别资本的比重。

（三）边际资本成本

边际资本成本是指企业每新增加一个单位的资金而增加的成本。个别资本成本和加权平均资本成本通常是过去或目前筹资的资金成本。但任何企业都不可能按照固定的资本成本去筹集无限量的资本。随着时间的推移和筹资环境的变化，个别资本成本也会发生变动，因而当筹资额超过某一特定限额时，加权平均资本成本也会上升。若要观察筹资额在什么数额上便会引起资本成本的变化及如何变化，就必须研究边际资本成本问题。

（四）其他

股权收益率：ROE，即净资产收益率（Rate of Return on Common Stockholders' Equity），又称股东权益报酬率。作为判断上市公司盈利能力的一项重要指标，一直受到证券市场参与各方的极大关注。分析师将 ROE 解释为将公司盈余再投资以产生更多收益的能力。它也是衡量公司内部财务、行销及经营绩效的指标。

净资产收益率=报告期净利润/报告期末净资产

ROE=销售利润率×资产周转率×权益倍数
　　=(净利润/总销售收入)×(总销售收入/平均的总资产)×(平均的总资产/平均的股东权益)

二、资本结构理论

所谓资本结构，从狭义上讲，是指企业长期债务资本与权益资本之间的比例关系。从广义上讲，是指企业多种不同形式的负债与权益资本之间多种多样的组合结构。它一方面是企业过去融资和盈利的结果，另一方面又是企业未来进行融资的前提。资本结构是企业筹资决策中的核心问题,在筹资管理过程中,采用适当的方法确定最佳资本结构,是筹资管理乃至整个公司理财的主要任务之一。企业理财的目标是实现企业价值最大化,要达到这一目标,企业必须合理确定并不断优化其资本结构,使企业的资金得到充分而有效的使用。合理的资本结构应该寻求收益与风险之间的适当平衡。

现代公司资本结构理论的研究起源于20世纪50年代,而对此做出开创性贡献的是Modigliani & Miller(1958)。之后,许多经济学家沿着MM理论所开创的思路从不同角度予以深入研究。特别是20世纪70年代以来,代理成本、信息不对称、行为金融和新制度经济学等理论的引入,开拓了资本结构理论的研究领域。

(一)传统资本结构理论

传统观点是诸多学者对资本结构问题的某些直接的零散看法,本身并没有形成一个完整的体系,且几乎完全是各有其说,很少考虑到相应投融资政策对个人动机的影响以及与市场均衡的关系。作为介于传统理论向现代理论转变的一个承前启后式的人物,Durand(1952)对传统资本结构做了最为系统的概述。传统资本结构理论认为,企业市场价值既可由企业权益价值与负债价值加总后决定,也可由预期收益除投资者所要求的回报率决定,且由于投资者通常将税前息前收益作为预期收益的参考值,因此企业市场价值也可由企业税前息前收益除投资者要求的回报率决定。然而,在对企业资本结构改变后资本成本率是否随之改变及如何变化的认识上,该理论内部存在差异。其中包括:净收益理论(依赖假说),净经营收益理论(独立假说),折衷理论。净收益理论认为,由于负债融资可降低企业的加权平均资本成本,在资本结构中,企业债务越多,企业价值越高。因此,企业最优资本结构是100%的负债。净经营收益理论认为,资本结构与企业价值无关,企业价值高低的真正要素是企业的净收入。企业无论如何改变其负债率,加权平均资本成本总固定,资本结构对企业总价值并无影响。这也暗示并不存在最优资本结构。传统折衷理论介于以上二者之间,该理论指出,债务增加对企业价值提高有利,但需适度。企业确实存在一个可使企业价值最大化的最优资本结构,这个结构可通过财务杠杆获得。

(二)新资本结构理论

20世纪70年代末对资本结构理论的研究一反现代资本结构理论只注重税收、破产等内部因素对公司最优资本结构的影响,力图通过信息、激励等概念从公司外部因素展开资本结构问题的分析,进而把权衡难题化为结构或制度设计问题,这标志着一种新学术风潮的兴起,因而被称为新资本结构理论。

(三) 信号理论

从 Spence(1974)首次正式提出信号理论,到 Ross(1977)与 Lillian 等(1977)把它引入到资本结构理论中,当中仅用了三年时间,信号模型在新资本结构理论中的发展基本上紧跟着信号理论的发展。它探讨在不对称信息下,企业如何通过适当方法向市场传递有关企业价值的信号,以此来影响投资者决策。但信号模型与其被称为理论,不如说是一种方法,它将早期和现代企业融资理论中的平衡问题转化为结构或制度设计问题,为企业融资理论研究开辟了新的研究方向。Ross 最早系统地将不对称信息理论引入资金结构分析,他假定企业管理者对企业的未来收益和投资风险有内部消息,而投资者没有这些内部消息,这样,投资者只能通过管理者输送出来的信息来评价企业价值。企业选择的资金结构就是把内部信息传递给市场的一个信号。迈尔斯和梅罗夫在罗斯理论的基础上进一步考察了不对称信息对企业投资成本的影响,提出了优序融资理论:不对称信息总是鼓励企业管理人员少用股票筹资,多用负债筹资,但利用负债筹资又容易引起企业财务拮据和财务风险的增加。所以企业总是尽量使用内部资金,其次是利用负债,最后才发行股票。信号理论的主要观点为:(1) 发展前景良好,效益高的企业,偏向于债务融资;发展前景不好,效益低或面临亏损的企业,偏向于股票融资。(2) 如果一个成熟的企业进行股票融资,意味着其向市场发出企业前景不好或未来投资项目低下的信号。如果一个成熟的企业进行债务融资,意味着其向市场发出企业前景良好或未来投资项目效益高的信号。(3) 对于成熟的企业,股票融资(增发股票)将导致股价下跌,债务融资或内部融资将推动股价上升。

(四) 优序融资理论

Myers(1977)、Majluf(1984)和 Ross(1984)等人则放弃了 MM 定理中充分信息这一假定,从信息不对称前提出发,根据信号传递假设提出企业融资先后次序理论,即优序融资理论。该理论认为,当企业在信息不对称环境中作投融资决策时,首要考虑运用内部资金,然后是债务融资,最后才是股权融资(Krasker,1986)。

与之前学者研究所不同的是,Narayanan(1978)只考虑新投资机会的信息不对称现象,认为其模型将对没有现有资产、新成立企业或者从企业分拆出来的某一部分都能适用。该理论另一重要贡献是将企业融资问题通过信号传递与证券市场的反应充分联系起来,回避了以往理论中须通过 CAPM 模型才能间接联系的效果,使得企业融资问题通过证券市场得到大量实证分析。优序融资理论的主要结论是:(1) 公司偏好于内部融资(假设信息不对称只是在外部融资中有关)。(2) 股息具有"粘性",所以公司会避免股息的突然变化,一般不用减少股息来为资本支出融资。换句话说，公司净现金流的变化一般体现了外部融资的变化。（3）如果需要外部融资，公司将首先发行最安全的证券，也就是说，先债务后权益。如果公司内部产生的现金流超过其投资需求，多余现金将用于偿还债务而不是回购股票。随着外部融资需求的增加，公司的融资工具选择顺序将是：从安全的债务到有风险的债务，比如从有抵押的高级债务到可转换债券或优先股，股权融资是最后的选择。（4）因此，每个公司的债务率反映了公司对外部融资的累计需求。关于资本结构理论的研究还有很多，其他的研究方向亦是不胜枚举。例如，资产专用性视角（Srinivasan 等，1993(8)），企业规模视角（Zingales 等，1995；Huang & Song，2003），经营风险视角（Bradleyetal，1984；Kaleetal，1991），市场竞争视角（Telser，1966；Phillips，1995；Zingales，1999；Kovernock 等，1997），以及新制度经济学的视角（Williamson，1971；Wu，2003），这些都不断丰富着资本结构理论的研究成果。

三、资本成本与资本结构的关系

此时假设企业处于零增长状态，其留存盈利为一常数（当年利润全部以股利形式分配给股东）。由于企业市场价值 V 是普通股市场现值（按公司未来净收益的折现现值来测算）S 及长期债务市场价值（等于其面值或本金）B 之和，因此资本成本和资本结构的关系表示为：

$$K_w = K_B \frac{B}{v}(1-T) + K_S \frac{S}{v}$$

从上述公式可以看出，计算综合资本成本时涉及两个基本因素：每种资本的成本率和每项资金来源在全部资本中所占的比重，调整这两个因素都会改变综合资本成本的大小。

企业价值最大化要求所投入的全部资本包括资本成本必须最小。加权资本成本最低时的资本结构，才是最优的资本结构，这时企业价值最大。各种企业都存在着最佳资本结构，但在实际工作中，由于企业内部条件和外部环境不断变化，寻找最佳资本结构很不容易。到底各种资本在企业总资本中所占比例多大才算最佳，没有固定的模式，要视企业的不同情况而论，但总的来说，如果企业的资金结构中，各种资金的综合资金成本最低，就能够有效地防范和降低企业的财务风险，给企业带来较好的经济效益。资本成本变动会引起资本结构的变动，资本结构的变化又会影响企业的总的资本成本。资本成本和财务风险是企业确定最佳资本结构时必须考虑的两个因素。因为资本成本不同，会使企业的资本结构有别；资本成本的变动，无论是个别成本还是加权平均成本的变动，都会对资本结构的变动产生影响。可以通过一个例子来说明。假设一个企业资本来源仅有负债和权益资本两大类。个别资本成本改变如表 7-1 所示：

表 7-1　个别资本成本改变

资本来源	比重	个别资本成本	个别资本成本变化
债务	30%	4%	6%
权益	70%	10%	15%

未变动前的加权资本成本=4%×30%+10%×70%=7.84%。个别资本成本改变后，假设企业为了维持总成本 7.84%不变，则必须改变企业的资本结构。同理，企业如果保持个别资本成本不变，那么改变总成本，势必也改变其资本结构。然而企业资本结构反映了企业资本的构成，是企业债务资本和权益资本比例关系的表现，也可以称之为企业的财务杠杆。企业的资本结构，影响加权资本成本计算的权数，最终影响企业资本成本水平。以上面的相同例子说明资本结构的变动对资本成本的变化的影响，如表 7-2 所示。

表 7-2　资本结构的变动与资本成本的变化

资本来源	比重	比重改变后	个别资本成本
债务	30%	50%	4%
权益	70%	50%	10%

未变动前的加权资本成本=4%×30%+10%×70%=7.84%。改变后的加权资本成本=50%×4%+50%×10%=7%。由此例可以看出，改变资本结构势必会影响资本成本的改变。由此可见，企业的单个资本成本及单个资本所占的比例，是决定综合资本成本的两个因素，这两个因素中任一个发生变化都会影响整个企业的资本结构，导致企业财务风险的变化。同时，资本结构的任何变化也会影响资本成本。

第二节　资本结构与股利模型确定方法

一、最优资本结构的衡量标准确定方法

资本结构的优化是企业财务管理的重要内容之一，衡量资本结构的优劣应以企业财务目标的实现程度为标准。关于什么是企业财务管理的目标，尽管目前学术界还存在认识上的差异，但主流观点是以企业价值最大化作为企业财务

管理的目标。因此，本文采用了企业价值最大化作为衡量最优资本结构的标准，但由于企业最大化这一目标在计量上存在一定困难，可操作性不强，在实践中，为实现企业价值最大化这一总目标，可以将其作为具体目标，之所以选择现金流量最大化作为具体目标，一方面是因为该目标容易计量，现金流量数据可直接从现金流量表中获取；另一方面是因为现金流量的大小在一定程度上决定了企业的生存和发展能力，是实现企业价值最大化的必要条件。但现金流量是一个绝对数，不便于在不同企业之间进行比较，为了使现金流量最大化这一目标具有可比性，本书采用以下四个指标作为现金流量最大化的计量指标。（1）主营业务现金比率=经营活动产生的现金净流量/主营业务收入。该指标反映了完成的销售中获得现金的能力；（2）现金自给率=近三年经营活动产生的现金净流量之和/近三年固定资产、无形资产、购买存货所支付的现金、现金股利之和。该指标反映了企业通过自己的经营活动流入的现金，满足企业固定资产、无形资产投资、存货规模扩大以及发放股利需要的能力。指标越高，说明企业现金自给能力越强，企业的资金实力就越强；（3）现金结构比率=经营活动产生的净现金流量/总净现金流量。该指标反映了经营活动产生的净现金流量在总净现金流量中占的比重；（4）营业利润现金比率=经营活动产生的现金净流量/营业利润。该指标反映了营业利润中以现金形式流入的部分，该指标越高说明营业利润的质量越高。

（一）资本结构合理性分析

1. EBIT-EPS 法

即每股收益无差别点法，是企业在进行融资决策时常用的一种分析判断方法。每股收益无差别点是指每股收益不受融资方式影响的息税前利润水平。在该点上，无论是增加负债筹资还是增加权益筹资，其每股收益 EPS 是相等的。资本结构是否合理，可以通过每股收益的变化进行分析。一般而言，凡是能够提高每股收益的资本结构是合理的；反之，则认为不合理。然而，每股收益的变化，不仅受到资本结构的影响，还受到销售收入的影响。要处理这三种关系，则必然运用每股收益无差别点的方法来分析。每股收益无差别点也是指两种资本结构下每股收益等同时的息税前盈余点（或销售点），亦称息税前盈余平衡点或筹资无差别点。当预期息税前盈余（或销售额）大于（小于）该差别点时，资本结构中债务比重高（低）的方案是最优方案。即：

$$EPS = \frac{(S-VC-F-I)(1-T)}{N} = \frac{(EBIT-I)(1-T)}{N}$$

式中，S 为销售额；

VC 为变动成本；

F 为固定成本；
I 为债务利息；
T 为所得税率；
N 为流通在外的普通股股数；
EBIT 为息税前利润。

2. EBIT-EVA 法

经济增加值（EVA），是指公司税后营业利润与总资本成本之差，它是一个考虑了资本的机会成本的经济利润概念，而不是单纯的会计利润概念。

$$每股EVA = \frac{(EBIT - B \times K_d)(1-T) - E \times K_e}{N}$$

式中，B 为负债资本；
E 为所有者权益；
K_d 为负债成本；
K_e 为权益资本成本；
T 为所得税税率。

每股 EVA 越高，表明企业为股东创造的财富越多，它较 EPS 更合适用于评价企业的经营业绩，进而有利于判断企业资本结构的合理性。

（二）最佳资本结构的选择

最佳资本结构是可以使公司市场总价值最高的资本结构，也是使每股 EVA 最大的资本结构，但是此时，每股收益不一定最大。同时在公司市场总价值最大的结构下，公司的资本成本也是最低的。

公司市场总价值用 V 表示，S 表示公司权益的总价值，B 表示债务的市场总价值，则：V=S+B。

公司权益的市场价值通过下式计算：$S = \dfrac{(EBIT - I)(1-T)}{K_s}$

以市场价值权重计算的公司资本成本为：$WACC = K_b \left(\dfrac{B}{v}\right) + K_s \left(\dfrac{S}{v}\right)$

二、股利分配方式

我国股票市场自 20 世纪 90 年代建立以来，从最初的"老八股"起家，发展到 2008 年末的 1500 多家。伴随我国股市这种惊人的发展速度，我国的监管层日趋规范，上市公司日益成熟，投资者也日趋理性。股利分配方式有许多种，从我国目前的情况来看，上市公司选择股利分配措施主要有现金股利、股票股利、公积金转增股本和混合股利 4 种：（1）现金股利。现金股利是指公司以现金形式将当期或累计可支配收益对股东进行的支付，我国称之为"派现"或"股票红利"，这种股利分配方式可以使股东获得直接的现金收益，方法简便，是股利分配的主要形式。公司向股东发放现金股利，一方面减少了企业的现金流量，降低了企业的变现能力；另一方面，现金股利的发放降低了公司股票的每股市价。在基于每股收益不变的情况下，股价的降低可以使市盈率降低，提高了上市公司的投资价值。（2）股票股利。股票股利是指公司以股票的形式向股东支付股利，即上市公司以本公司的股票代替现金作为股利向股东分红的一种形式，我国称之为"送红股"。从会计角度看，股票股利并非真正的股利，因为股票股利并不直接增加股东财富，不会导致公司资产的流出或负债的增加，股票股利只是资金在所有者权益各项目之间的转移，而不是资金的运用。发放股票股利后，如果盈利总额和市盈率不变，会由于普通股股数增加而引起每股收益和每股市价的降低；但是又由于股东所持股份的比例不变，股东所持股票的市场价值总额仍保持不变。（3）公积金转增股本。公积金转增股本指上市公司用以前年度留存收益，包括资本公积金和盈余公积金向股东转送股份的分配行为。中国证监会于1996年7月24日颁布了《关于规范上市公司行为若干问题的通知》，严格区分了以送股方式分红的内容。该通知第四条规定"上市公司的送股方案必须将以利润派送红股和以公积金转为股本予以明确区分，并在股东大会上分别做出决议，分项披露，不得将二者均表述为送红股"。所以从法律的角度来讲，公积金转增股本属于股本扩张，并不是股利分配，不属于利润分配范畴。但是，转增股本对于二级市场的投资者来说，也是具有很强烈的吸引力。投资者对于送转题材的股票均是力捧，希望通过填权行情来获得高额投资收益。所以本文对于送红股和公积金转增股本的分配方式均视同为股票股利来进行研究。（4）混合股利。混合股利顾名思义，就是指将派现、送红股、公积金转增股本这三种方式混合起来进行分配。主要有"派现+送红股"、"派现+转增股本"、"送红股+转增股本"以及"送红股+派现+转增股本"这四种方式。

第三节　公司案例

案例一：锦江股份（600754）

一、背景介绍

上海锦江国际酒店发展股份有限公司（简称"公司"或"本公司"）于1993

年 6 月 9 日在上海市成立。本公司及子公司（合称"本集团"）主要从事经济型酒店营运及管理业务、星级酒店营运及管理业务、食品及餐饮和物品供应等业务。1993 年 6 月，本公司以定向募集方式成立，股本总额为人民币 235 641 500 元。于 2010 年 12 月 31 日，本公司总股本为人民币 603 240 740 元，锦江酒店集团持有本公司 303 533 935 股无限售条件股份，占总股本 50.32%，为本公司控股股东。锦江国际（集团）有限公司（简称"锦江国际"）为锦江酒店集团的控股股东及本公司的最终控股股东。

（一）行业介绍

目前，我国人均 GDP 已经超过 3000 美元，这是世界旅游界公认的旅游业爆发性增长阶段。我国 2010 年度人均出游次数约 1.6 次，而世界上一些发达国家人均出游已经超过 7 次。因而，我国旅游市场成长潜力巨大。特别是近几年来，我国高速公路、高速铁路、民航等基础建设速度加快和社会公共服务体系不断完善，我国旅游业将出现新一轮的发展，在未来 5 至 10 年内处于快速发展的上升期。综合分析 2011 年影响旅游业发展的各种有利因素和不利因素，我们认为 2011 年我国旅游业将保持平稳较快增长。国家旅游局相关信息显示，2011 年全国旅游业发展的相关预期目标是：力争实现国内旅游人数 23 亿人次，同比增长 9%。实现国内旅游收入 1.4 万亿元，同比增长 12%。实现入境旅游人数 1.38 亿人次，同比增长 3%；其中入境过夜旅游人数 5850 万人次，同比增长 5%。实现旅游外汇收入 495 亿美元，同比增长 8%。实现旅游业总收入 1.72 万亿元，同比增长 10%。目前，世界旅游组织并未改变到 2015 年我国将成为全球最大的旅游目的地和第四位出境旅游客源国的预测。随着全球金融危机影响的逐渐消退，预计中国旅游业将继续保持平稳较快发展势头。

（二）公司主营业务分析

公司主营业务如表 7-3 所示。

表 7-3 公司主营业务

单位：元　币种：人民币

分行业	营业收入	营业成本	营业利润率（%）	营业收入比上年增减（%）	营业成本比上年增减（%）	营业利润比上年增减（%）
星级酒店营运业务	162 091 807.75	27 459 837.05	83.06	-50.20	-54.40	增加 1.56 个百分点
星级酒店管理业务	42 484 368.51	1 041 152.87	97.55	-44.20	-71.45	增加 2.34 个百分点
经济型酒店营运及管理业务	1 621 267 306.03	127 567 644.02	92.13	33.59	34.36	减少 0.05 个百分点
餐饮与食品业务	230 975 689.72	109 991 106.84	52.38	22.49	23.25	减少 0.29 个百分点
物品供应业务	66 721 351.45	62 811 311.79	5.86	-27.31	-26.99	增加 0.40 个百分点

续表

分行业	营业收入	营业成本	营业利润率（%）	营业收入比上年增减（%）	营业成本比上年增减（%）	营业利润比上年增减（%）
其他业务	1 000 042.00	330 536.56	66.95	-63.33	-63.84	减少 0.47 个百分点
合计	2 124 540 565.46	329 201 589.13	84.50	11.92	-1.73	增加 2.15 个百分点

说明：主营业务毛利率=[（主营业务收入-主营业务成本）/主营业务收入]×100%。

2009年，历史罕见的全球金融危机和突如其来的甲型H1N1流感疫情，对我国旅游业产生了巨大冲击；同时，上海地区入境旅游人次的继续下降与酒店客房供应的持续增长，供需矛盾引起行业内部竞争更趋激烈。各种因素的叠加，使得2009年成为酒店业面临困难最多的一年。公司在危机中增强工作的预见性，按照年度经营计划及其应对措施，继续稳步发展优势产业和主营业务，同时积极进行资产运作，依然在总体上取得了良好的业绩，并保持了稳定的现金流。2010年1月，"锦江股份"入选"上证红利指数"样本股。

2009年，公司实现营业收入78 256万元，比上年下降1.4%，完成全年预计营业收入80 000万元的97.8%。实现营业利润32 921万元，比上年增长8.6%。实现归属于上市公司股东的净利润28 099万元，比上年增长2.9%。

1. 酒店投资营运

公司持股满20%的上海四家高星级酒店全年平均客房出租率为55.89%，比上年减少11.11个百分点；全年平均房价为830元，比上年下降19.1%。

公司持股满20%的上海五家低星级酒店全年平均客房出租率为54.13%，比上年减少8.17个百分点；全年平均房价为292元，比上年下降6.4%。

公司持股满20%的上海三家经济型酒店全年平均客房出租率为91.18%，比上年增加0.08个百分点；全年平均房价为213元，比上年下降2.7%。

上海旅游部门相关信息显示：2009年上海市星级酒店全年平均客房出租率为50.17%，比上年同期减少5.27个百分点；全年平均房价比上年同期下降14.5%。其中五星级酒店全年平均客房出租率为53.49%，比上年同期减少6.40个百分点；全年平均房价为1009.62元，比上年同期下降18.1%。四星级酒店全年平均客房出租率为50.21%，比上年同期减少5.03个百分点；全年平均房价为508.35元，比上年同期下降17.8%。总体上看，公司投资的在沪酒店经营状况好于市场同期水平。

公司持股50%的武汉锦江大酒店于2007年7月份营业。2009年酒店全年平均客房出租率为46.08%，比上年同期增加15.68个百分点；全年平均房价为565元，比上年同期下降14.1%；RevPAR为260元，比上年同期增加61元。

在报告期内，公司分别持股 20%的锦江之星旅馆有限公司与上海锦江国际旅馆投资有限公司发展较快，截至 2009 年底，签约管理的锦江之星连锁门店共有 439 家（其中 19 家为百时品牌连锁店），客房数超过 5.6 万间。锦江之星门店已遍及中国 30 个省、自治区和直辖市的 118 个城镇。报告期内，"锦江之星"商标被上海市工商行政管理局认定为上海市著名商标。

2. 星级酒店管理

公司于报告期末签约管理的星级酒店达 103 家，客房数超过 3 万间。其中受锦江国际集团以外第三方委托管理的酒店达到 73 家。公司管理的星级酒店分布全国 23 个省、自治区和直辖市的 53 个城市。

强化酒店管理系统建设，提升酒店管理核心竞争力。总结酒店管理系统国际化发展成果，汇编形成新版管理手册，并在成员酒店中培训与推广；锦江贵宾计划与建设银行，南航、东航等 5 家航空公司建立了战略合作关系；完成与全球最大差旅管理公司美国运通的谈判，与其签署优先合作关系协议；开通了锦江采购平台；开通酒店管理公司内网，推进酒店管理信息化、集成化发展；报告期内对 41 家成员酒店进行营运审计与现场支持,督导支持成员酒店提升营运与服务质量。

在网络营销上，继续推进 JREZ 建设，拓展中央预订渠道，报告期内 JREZ 实现预订 8.3 万房夜，同比下降 20%。但来自国际 IDS、GDS 以及锦江品牌网站的客源占比扩大至 69.06%。

报告期内，累计开展"迎世博"各类培训和宣传 9 万多人次。组队在"迎世博上海旅游饭店行业服务演练系列大赛"中，囊括中式烹饪主题展评和中、西式餐厅服务技能决赛中的中式主题烹饪、高档主题宴会、中餐厅服务、西餐厅服务全部四个项目的第一名；包揽客房铺床技能比赛中个人总分前五名。

报告期内，公司下属锦江国际酒店管理有限公司在"第四届中国酒店星光奖"评选中，荣获"中国最佳本土酒店管理集团"称号；荣获由美国《HOTELS》（中文版）杂志颁发的"2009 中国年度酒店奖酒店管理集团 10 强"奖；在 2009 年中国饭店业年会暨第 9 届中国饭店论坛上荣获"中国酒店金马奖—最受业主欢迎酒店管理公司"奖；荣获《饭店现代化》杂志社颁发的"2009 中国最具影响力本土酒店管理公司"奖。

3. 连锁餐饮投资

公司投资的上海肯德基有限公司全年实现营业收入 209 003 万元，比上年下降 2.0%；报告期末餐厅总数为 246 家。公司投资的的上海新亚大家乐餐饮有限公司全年实现营业收入 16 918 万元，因本期关闭 5 家业绩未达预期门店，同口径计算比上年下降 9.4%；"新亚大家乐"报告期末餐厅数为 57 家。公司投资的上海吉野家快餐有限公司全年实现营业收入 7 281 万元，比上年增长 26.9%；报告期末餐厅数为 20 家。公司持股 30%的上海静安面包房有限公司全年实现营业收入 7 454 万元，比上年下降 9.8%；报告期末门店数为 69 家。公司持股 51%的上海锦江同乐餐饮管理有限公司全年实现营业收入 1 834 万元，比上年增长 9.0%；报告期末餐厅总数为 2 家。

报告期内，公司与百胜（中国）投资有限公司签署延长上海肯德基有限公司经营期合同。公司向百胜（中国）投资有限公司转让公司持有的上海肯德基有限公司 7%的股权。截至 2009 年末，公司持有上海肯德基有限公司 42%股权。公司下属全资子公司餐饮投资公司向天亨中国有限公司受让上海新亚大家乐餐饮有限公司 25%股权。截至 2009 年末，公司持有上海新亚大家乐餐饮有限公司 75%股权。本公司下属子公司上海锦江国际酒店餐饮投资管理有限公司收购三井物产（中国）有限公司所持上海吉野家快餐有限公司 2.815%股权。截至 2009 年末，公司持有上海吉野家快餐有限公司 42.815%股权。

（三）公司发展战略

本公司将以经济型酒店等为重点发展方向，努力树立锦江之星在国内经济型酒店行业中的标杆地位，继续拓展连锁快餐的投资经营，进一步提升在"管理、品牌、网络、人才"等方面的核心竞争能力，继续保持本公司在国内同行业市场的领先地位，实现公司价值最大化。具体计划为：继续加快经济型酒店的发展速度，推进以"锦江之星"为主力的多品牌协同发展；继续推进餐饮业的发展与调整，在现有连锁餐饮业务基础上，积极拓展与其他连锁品牌的合作和投资业务。

二、利润分配过程

（一）分配方案

本公司利润分配及分红派息基于母公司的可分配利润，本公司 2010 年度经审计的净利润为 380 614 642.39 元。

根据《中华人民共和国公司法》《上海锦江国际酒店发展股份有限公司章程》以及相关监管规定，按照股本的 50%与法定盈余公积年初余额之差依法提取法定盈余公积 6 919 135.50 元，加上调整后本年初未分配利润 478 627 314.47 元，减去 2010 年已分配的 2009 年度股利 217 166 666.40 元，全年可供全体股东分配的利润为 635 156 154.96 元。拟按 2010 年 12 月 31 日的总股本 603 240 740 股为基数，向全体股东每 10 股派发人民币 3.80 元现金红利（含税）；B 股股利折算成美元支付，其折算汇率按照公司股东大会通过股利分配决议日下一个工作日中国人民银行公布的美元兑人民币的中间价确定；尚余 405 924 673.76 元，列入未分配利润转至下一年度。

截止到2011年7月8日下午交易结束后,在中国证券登记结算有限责任公司上海分公司(简称"登记结算公司")登记在册的本公司A股股东和截止2011年7月13日下午交易结束后在登记结算公司登记在册的本公司B股股东(B股最后交易日为2011年7月8日)。本次分配以603 240 740股为基数,向全体股东每10股派发现金红利3.80元(含税),扣税后每10股派发现金红利3.42元,共计派发股利229 231 481.20元。

公司前三年分红情况如表7-4所示。

表7-4 本公司2006~2008分红情况一览表

单位:元

分红年度	现金分红的数额(含税)	分红年度合并报表归属于上市公司股东的净利润
2006	180 972 222	217 616 930
2007	211 134 259.00	263 782 196.00
2008	211 134 259.00	273 195 189.00

(二)实施办法

1. 2009年度利润分配实施情况

(1)主要数据

①扣税前与扣税后每股现金红利如表7-5所示。

表7-5 每股税前、税后现金红利

A	股每股现金红利(扣税前)	0.36元
A	股每股现金红利(扣税后)	0.324元
B	股每股现金红利(扣税前)	0.052723美元
B	股每股现金红利(扣税后)	0.047451美元

②股权登记日见表7-6。

表7-6 股权登记日

A	股股权登记日	2010年6月10日
B	股股权登记日	2010年6月18日
B	股最后交易日	2010年6月10日

③除权(息)日:2010年6月11日。

④现金红利发放日:2010年6月29日。

（2）分配方案

截止到 2010 年 6 月 10 日下午交易结束后在中国证券登记结算有限责任公司上海分公司（简称"登记结算公司"）登记在册的本公司 A 股股东和截止 2010 年 6 月 18 日下午交易结束后在登记结算公司登记在册的本公司 B 股股东（B 股最后交易日为 2010 年 6 月 10 日）。

本次分配以 603 240 740 股为基数，向全体股东每 10 股派发现金红利 3.60 元（含税），扣税后每 10 股派发现金红利 3.24 元，共计派发股利 217 166 666.4 元。

（3）分红派息实施办法

公司控股股东上海锦江国际酒店（集团）股份有限公司的现金红利，由本公司直接发放。

A 股股东的现金红利由本公司委托登记结算公司发放。具体办法：登记结算公司在红利发放日前一个交易日，将已办理指定交易的投资者的现金红利通过登记结算公司资金清算系统划付给其指定的证券公司，投资者可在现金红利发放日领取现金红利；未办理指定交易的投资者的现金红利暂由登记结算公司保管，当投资者办理指定交易并生效后，登记结算公司即将该投资者尚未领取的现金红利划付给其指定的证券公司，投资者在办理指定交易后的第二个交易日即可领取现金红利。A 股个人股东的现金红利，公司将委托登记结算公司按 10%的税率代扣个人所得税，实际发放现金红利为每股人民币 0.324 元。A 股的居民企业股东（含机构投资者）其现金红利所得税自行缴纳，实际发放现金红利为每股人民币 0.36 元。对于境外合格机构投资者（"QFII"）股东，本公司委托登记结算公司按照税后金额每股人民币 0.324 元向股权登记日在册的股东发放现金红利。该类股东如能在本公告刊登之日后的 10 个工作日内向本公司提供相关合法证明文件如：第一，以居民企业身份向中国税务机关缴纳了企业所得税的纳税凭证；第二，以居民企业身份向中国税务机关递交的企业所得税纳税申报表；第三，该类股东虽为非居民企业，但其本次应获得分配的现金红利属于该类股东在中国境内设立的机构、场所取得的证明文件。则本公司在核准确认后，将不安排代扣代缴 10%企业所得税，并由本公司向该等股东补发相应的现金红利款每股 0.036 元。如果该类股东未能在规定的时间内提供证明文件，则本公司将按照 10%税率代扣代缴 QFII 股东的现金红利所得税。如存在本公司已知非居民企业之外的其他非居民企业股东，本公司未代扣代缴所得税，该类股东应根据《中华人民共和国企业所得税法》的相关规定在所得税发生地自行缴纳现金红利所得税。

B 股股东的现金红利由本公司委托登记结算公司发放。B 股股东的现金红利以美元支付，B股投资者可于2010年6月29日起到其托管券商或托管银行处领取美元红利，美元与人民币汇率按2009年度股东大会决议日下一工作日（2010年5月27日）中国人民银行公布的美元兑换人民币中间价（1:6.8281）折算，每股分配现金红利0.052723美元。根据2009年7月24日国家税务总局发布的《关于非居民企业取得B股等股票股息征收企业所得税问题的批复》（国税函[2009]394号），公司的B股非居企业股东应按10%的税率缴纳企业所得税，实际发放现金红利为每股0.047451美元。对于"C99"开头的B股股东（C990000000-C999999999），公司先按每股0.047451美元现金红利发放，如该部分股东能在本公告刊登之日后的10个工作日内向本公司提供相关合法证明文件如：第一，以居民企业身份向中国税务机关缴纳了企业所得税的纳税凭证；第二，以居民企业身份向中国税务机关递交的企业所得税纳税申报表；第三，该类股东虽为非居民企业，但其本次应获得分配的现金红利属于该类股东在中国境内设立的机构、场所取得的证明文件，则本公司在核准确认后，将不安排代扣代缴10%企业所得税，并由本公司向该等股东补发相应的现金红利款每股0.005272美元。如果该部分股东未能在规定的时间内提供证明文件，则本公司将按照10%税率代扣代缴现金红利所得税。如存在本公司已知非居民企业之外的其他非居民企业股东，本公司未代扣代缴所得税，该类股东应根据《中华人民共和国企业所得税法》的相关规定在所得税发生地自行缴纳现金红利所得税。

2.2010年度利润分配实施情况

（1）主要数据

①扣税前与扣税后每股现金红利如表7-7所示。

表7-7 A、B股票扣税前、后红利明细表

A	股每股现金红利（扣税前）	0.38元
A	股每股现金红利（扣税后）	0.342元
B	股每股现金红利（扣税前）	0.058553美元
B	股每股现金红利（扣税后）	0.052698美元

②股权登记日如表7-8所示。

表7-8 股权登记日

A	股股权登记日	2011年7月8日
B	股股权登记日	2011年7月13日
B	股最后交易日	2011年7月8日

③除权（息）日：2011 年 7 月 11 日。

④现金红利发放日：2011 年 7 月 22 日。

（2）分配方案

截止到 2011 年 7 月 8 日下午交易结束后在中国证券登记结算有限责任公司上海分公司（以下简称"登记结算公司"）登记在册的本公司 A 股股东和截止 2011 年 7 月 13 日下午交易结束后在登记结算公司登记在册的本公司 B 股股东（B 股最后交易日为 2011 年 7 月 8 日）。

本次分配以 603 240 740 股为基数，向全体股东每 10 股派发现金红利 3.80 元（含税），扣税后每 10 股派发现金红利 3.42 元，共计派发股利 229 231 481.20 元。

（3）分红派息实施办法

下列股东的现金红利由本公司直接发放：上海锦江国际酒店（集团）股份有限公司、双钱集团股份有限公司。

A 股股东的现金红利由本公司委托登记结算公司发放。A 股个人股东的现金红利，按财政部、国家税务总局 2005 年 6 月 13 日发布的《关于股息红利个人所得税有关政策的通知》规定，现金红利按其股息红利所得的 50%计算个人应纳税所得额，依照现行税法规定的个人所得税 20%的税率代扣个人所得税，扣税后每股实际发放的现金红利为人民币 0.342 元。公司委托登记结算公司代扣个人所得税后发放。A 股的居民企业股东（含机构投资者）其现金红利所得税自行缴纳，实际发放现金红利为每股人民币 0.38 元。对于境外合格机构投资者（"QFII"）股东，按国家税务总局 2009 年 1 月 23 日发布的《关于中国居民企业向 QFII 支付股息、红利、利息代扣代缴企业所得税有关问题的通知》规定代扣代缴 10%企业所得税，扣税后每股实际发放现金红利人民币 0.342 元。公司按税后金额委托登记结算公司发放。

B 股股东的现金红利由本公司委托登记结算公司发放。B 股股东的现金红利以美元支付，美元与人民币汇率按 2010 年度股东大会决议日下一工作日（2011 年 5 月 27 日）中国人民银行公布的美元兑换人民币中间价（1∶6.4898）折算，每股分配现金红利 0.058553 美元。其中非居民企业，根据国家税务总局 2009 年 7 月 24 日发布的《关于非居民企业取得 B 股等股票股息征收企业所得税问题的批复》（国税函[2009]394 号）的有关规定，公司在向 B 股非居民企业股东发放 2010 年度现金红利时，按 10%的税率代扣代缴企业所得税，扣税后每股实际发放的现金红利为 0.052698 美元；其他个人股东，按财政部、国家税务总局 2005 年 6 月 13 日发布的《关于股息红利个人所得税有关政策的通知》规定，现金红利按其股息红利所得的 50%计算个人应纳税所得额，依照现行税法规定的个人所得税 20%的税率代扣个人所得税，扣税后每股实际发放的现金红利为 0.052698 美元。持有 B 股的股东，公司均按税后金额委托登记结算公司发放。

三、财务分析

（一）股权收益率分析

股权收益率=报告期净利润/净资产

表 7-9　上海锦江国际酒店发展股份有限公司股权收益率

年度	净资产	净利润	股权收益率	旅馆业平均值
2008 年	2 625 749 520	255 187 881	0.097186681	0.05186
2009 年	3 799 215 297.60	307 025 379.49	0.08081284	0.06085
2010 年	4 396 663 408.19	305 216 644.41	0.069420062	0.05985

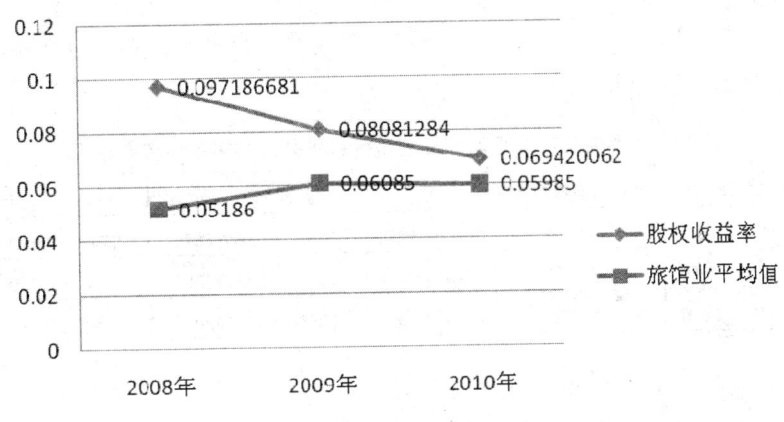

图 7-1　股权收益率分析

（二）资产负债比率分析

资产负债率=负债总额/资产总额

表 7-10　2008～2010 年上海锦江国际酒店发展股份有限公司资产负债率

年度	资产	负债	资产负债率	旅馆业平均值
2008 年	2 880 695 864	254 946 344	0.088501652	0.47893
2009 年	4 409 144 433.10	609 929 135.50	0.138332764	1.49661
2010 年	4 823 855 645.74	427 192 237.55	0.088558255	1.55578

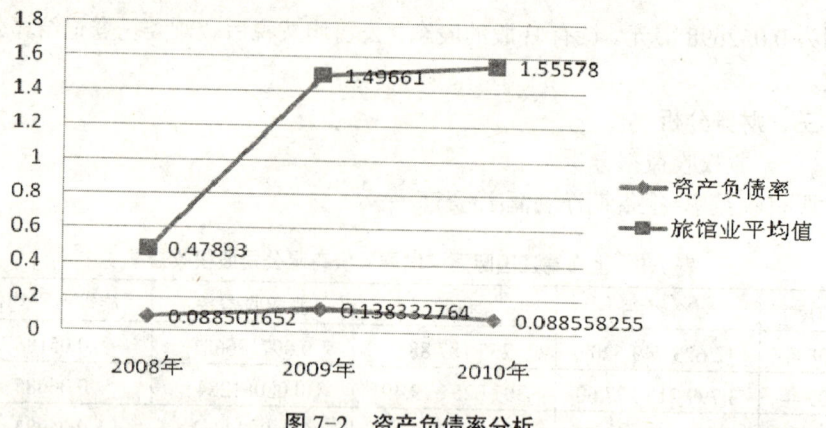

图 7-2 资产负债率分析

（三）加权平均资本成本分析

加权平均资本成本=优先股权重×优先股成本+普通股权重×普通股成本+债务权重×债务成本×(1-税率)

表 7-11 上海锦江国际酒店发展股份有限公司加权平均资本成本

年度	负债	所有者权益	资产	税率	股权收益率	利率	WACC
2008	254 946 344	2 625 749 520	2 880 695 864	25%	0.0971867	2.25%	0.090078965
2009	609 929 135.50	3 799 215 297.60	4 409 144 433.10	25%	0.0808128	2.25%	0.071968142
2010	427 192 237.55	4 396 663 408.19	4 823 855 645.74	25%	0.0694201	2.50%	0.06493281

四、案例分析

本案例选择的是锦江股份发放股利以及发放股利带来的资本结构与资本成本的变化。公司发放股利从锦江案例看，锦江股份的股权收益率远远高于行业平均，发放股利的动机比较明显。发放股利后公司的资本结构发生转变，锦江股份的资产负债率向行业平均靠拢，同时我们注意到锦江股份的平均资本成本也开始下降。因此，锦江股份发放股利的行为绩效基本上可以通过测算获得，进一步分析案例可以推论出锦江股份的股利发放的动机。

五、案例附表

表 7-12 合并资产负债表

编制单位：上海锦江国际酒店发展股份有限公司			单位：人民币元
项目	2010-12-31 日	2009-12-31	2008-12-31
流动资产：			
货币资金	698 462 699.88	1 311 899 030.99	741 726 692.00

续表

编制单位：上海锦江国际酒店发展股份有限公司			单位：人民币元
项目	2010-12-31日	2009-12-31	2008-12-31
应收票据		6 484.00	22 762
应收账款	30 939 451.48	39 981 002.03	32 711 227.00
预付款项	29 172 866.28	33 665 307.86	17 645 307.00
应收利息	1 924 422.29	10 463 575.00	10 463 575.00
应收股利			2 772 327.00
其他应收款	45 333 332.14	54 521 541.16	26 566 107.00
存货	21 983 512.82	22 589 015.56	12 573 389.00
一年内到期的非流动资产			
其他流动资产	4 315 404.40	17 284 643.22	
流动资产合计	832 131 689.29	1 484 033 127.85	844 481 386.00
非流动资产：			
可供出售金融资产	1 509 002 488.72	2 565 524 221.32	909 205 746
长期股权投资	269 539 067.83	469 576 690.19	951 434 437.00
投资性房地产			
固定资产	1 158 049 570.22	1 282 347 043.41	255 558 413.00
在建工程	272 087 515.04	231 450 152.88	6 986 751.00
无形资产	259 825 057.93	335 006 520.97	216 135 073.00
商誉	40 171 417.85	11 002 693.00	11 002 693.00
长期待摊费用	1 157 325 112.45	1 111 929 802.98	26 780 576.00
递延所得税资产	38 162 116.74	28 150 867.85	365 333.00
其他非流动资产			
非流动资产合计	4 704 162 346.78	6 034 987 992.60	2 377 469 022.00
资产总计	5 536 294 036.07	7 519 021 120.45	3 221 950 408.00
流动负债：			
短期借款	41 300 000.00	467 900 000.00	5 500 000
应付账款	372 935 653.50	314 419 642.71	54 710 370.00
预收款项	91 280 426.22	78 743 946.42	22 856 262.00
应付职工薪酬	76 141 844.78	91 510 682.79	73 920 250.00
应交税费	68 231 905.86	51 632 652.38	18 470 659.00
应付利息	142 286.83	992 394.62	
应付股利	1 432 742.68	31 898 091.00	182 173.00

续表

编制单位：上海锦江国际酒店发展股份有限公司			单位：人民币元
项目	2010-12-31日	2009-12-31	2008-12-31
其他应付款	181 688 748.74	88 082 136.21	33 104 932.00
一年内到期的非流动负债	555 197.48	2 567 282.54	
其他流动负债			
流动负债合计	833 708 806.09	1 127 746 828.67	208 744 646.00
非流动负债：			
长期借款	43 600 000.00	243 600 000.00	2 040 000
长期应付款	7 188 486.77	7 727 681.35	
预计负债			2 206 889.00
递延所得税负债	291 190 334.15	546 674 886.63	181 112 399.00
其他非流动负债	3 270 047.80	754 656.59	
非流动负债合计	345 248 868.72	798 757 224.57	185 359 288.00
负债合计	1 178 957 674.81	1 926 504 053.24	394 103 934.00
所有者权益：			
股本	603 240 740.00	603 240 740.00	603 240 740.00
资本公积	2 552 913 034.38	3 911 041 657.42	1 339 091 917.00
盈余公积	482 301 658.50	475 382 523.00	443 867 213.00
未分配利润	635 156 154.96	478 627 314.47	364 915 214.00
归属于母公司所有者权益合计	4 273 611 587.84	5 468 292 234.89	2 751 115 084.00
少数股东权益	83 724 773.42	124 224 832.32	76 731 390.00
所有者权益合计	4 357 336 361.26	5 592 517 067.21	2 827 846 474.00
负债和所有者权益总计	5 536 294 036.07	7 519 021 120.45	3 221 950 408.00

案例二：桂林旅游（000978）

一、背景介绍

桂林旅游股份有限公司（以下简称"公司"）是于1998年4月29日经广西壮族自治区人民政府（桂政函[1998]40号文）批准，由桂林旅游发展总公司联合桂林五洲旅游股份有限公司、桂林三花股份有限公司、桂林中国国际旅行社、桂林集琦集团有限公司五家发起人，以发起方式设立的股份有限公司，公司设立时总股本18 000万股。公司于2010年5月28日实施了2009年度股东大会通过的资本公积转增股本方案（10转增3），增加股本8 310万股，变更后的股本 36 010 万股。

股票发行与上市情况如下：

1. 经广西壮族自治区人民政府（桂政函［1998］40 号文）批准，本公司由桂林旅游发展总公司、桂林五洲旅游股份有限公司、桂林中国国际旅行社、桂林集琦集团有限公司、桂林三花股份有限公司共五家发起人，于 1998 年 4 月 29 日发起设立，总股本 18 000 万股。

2. 根据 1998 年 12 月 21 日召开的 1998 年第三次临时股东大会决议，本公司 1999 年上半年以 1998 年 12 月 31 日为基准日进行了股份回购：用本公司所属全资附属企业漓江饭店（含土地使用权）经评估的净资产向发起人桂林旅游发展总公司和桂林五洲旅游股份有限公司定向协议回购 10 200 万股，并按法定程序注销，自 1999 年元月 1 日起本公司总股本由 18 000 万股缩减为 7 800 万股。

3. 本公司 2000 年 4 月 21～22 日以上网定价和向二级市场投资者配售相结合方式向社会公开发行 4 000 万人民币普通股（A 股），每股发行价 6.86 元，并于 2000 年 5 月 18 日在深圳证券交易所上市交易，公司总股本增至 11 800 万股。

4. 本公司于 2001 年 4 月下旬实施了 2000 年年度股东大会通过的公司 2000 年度利润分配及资本公积金转增股本方案（10 派 2.6 元转增 5 股），公司股本结构变为：总股本 17 700 万股，其中社会公众股 6 000 万股。

5. 本公司于 2006 年 5 月实施了股权分置改革方案，公司的股本结构变为：总股本 17 700 万股，其中有限售条件股份 97 799 998 股、无限售条件股份 79 200 002 股。

6. 2007 年 5 月 28 日，公司有限售条件的流通股 14 260 224 股上市流通，公司的股本结构变为：总股本 17 700 万股，其中有限售条件股份 83 539 774 股、无限售条件股份 93 460 226 股。

7. 公司 2010 年 1 月 26 日确定向铁岭新鑫铜业有限公司等 9 名投资者非公开发行 10 000 万股人民币普通股（A 股），每股发行价 10.25 元。本次发行新增股份于 2010 年 3 月 9 日在深圳证券交易所上市，限售期 12 个月，公司总股本增至 27 700 万股，其中有限售条件股份 183 539 774 股、无限售条件股份 93 460 226 股。

8. 本公司以 2010 年 5 月 27 日为股权登记日实施了公司 2009 年度利润分配及资本公积金转增股本方案（10 派 1.6 元转增 3 股），公司总股本增至 36 010 万股，其中有限售条件股份 238 601 706 股，无限售条件股份 121 498 294 股。

（一）行业介绍

公司所处行业为旅游行业。"十二五"时期是我国旅游业培育国民经济战略性支柱产业的黄金发展期和建设人民群众更加满意的现代服务业的转型攻坚期，旅游业发展具有许多有利条件，旅游业发展环境不断优化；国民经济持续平稳较快发展，对外开放不断扩大，居民消费结构升级、收入增加，旅游需求更为旺盛；我国基础设施不断改善，旅游更为便利。预计"十二五"期间旅游行业将步入持续平稳增长的态势。桂林山水甲天下，旅游业是桂林最具城市优势、最具品牌效应、最具综合竞争力、最具发展潜力的产业。

公司作为桂林市最大的上市旅游企业集团，是推动桂林旅游产业发展的重要力量，公司将以一体化的规模经营优势、产品品牌优势、不断进取的企业精神以及优质的服务，应对本地区其他旅游企业、景区景点的竞争。

（二）公司主营业务分析

公司所处的行业为旅游行业。公司拥有游船82艘，共7 994客位，约占桂林市漓江游船客位总数的37%，公司漓江涉外游客的接待量约占桂林市漓江涉外游客总量的75%，漓江境内游客的接待量约占桂林市漓江国内游客总量的28.80%；公司拥有出租汽车290辆，约占桂林市出租汽车总量的15.67%；公司及其控股子公司共拥有大中型旅游客车219辆，约占桂林市旅游客车总量的9.16%。

公司主要从事旅游服务及与旅游服务相关的业务，主营业务包括：游船客运、景区旅游业务、酒店、公路旅行客运、出租车业务。2010年度公司实现营业收入51 032.24万元，实现归属于公司股东的净利润7 044.16万元，分别比2009年度增长60.29%、104.70%。其中丽江旅游客运营业收入8326.89万元，毛利率55.54%；景区营业收入14594.13万元，毛利率50.13%；漓江大瀑布饭店营业收入11660.1万元，毛利率51.53%。

（三）公司发展战略

争取在今后三年，把公司发展成为管理科学、机制高效、资产优化、结构合理、股本适度、效益良好、具有创新和持续发展能力的大型旅游集团控股上市公司，争取成为广西最大、最强的旅游集团。公司实施品牌化和"文化立企"新战略，通过品牌化引领市场格局，通过建立优秀的企业文化，增强公司的凝聚力和战斗力；抓住难得的发展机遇，进行资源、资产的重组整合，切实提高竞争能力；并灵活高效地运用资本市场，募集公司发展资金，最大限度地通过资本市场放大公司品牌的倍增效应和资产的乘数效应；着力创新资本运营的手段和方法，切实提高资本运营的盈利能力；根据新的形势和加快发展的需要，适时调整公司组织架构，建立精干高效的运营机构与机制；把产品开发与市场开发结合起来，产品创新与市场创新结合起来，最大限度地开发市场潜能。

二、定向增发过程

公司于2010年1月26日以非公开发行股票的方式向9名特定投资者发行

了 100 000 000 股人民币普通股（A 股）。本次发行募集资金总额 1 025 000 000.00 元，扣除发行费用 33 304 522.59 元，募集资金净额 991 695 477.41 元。

1. 发行股票的类型：境内上市的人民币普通股（A 股）
2. 每股面值：人民币 1.00 元
3. 发行数量：根据投资者认购情况，本次发行人民币普通股（A 股）共计 100 000 000 股，全部采取向特定投资者非公开发行股票的方式发行。
4. 发行定价方式及发行价格：本次发行的股票价格不低于定价基准日前 20 个交易日公司股票交易均价的 90%，即 8.75 元/股（根据投资者认购情况，本次发行的发行价格最终确定为 10.25 元/股，相对于公司定价基准日前 20 个交易日公司股票交易均价的 90%（8.75 元）溢价 17.14%，相对于本次非公开发行基准日前一交易日（2010 年 1 月 25 日）收盘价 13.05 元/股折价 21.46%，相对于本次非公开发行基准日（2010 年 1 月 26 日）前 20 个交易日公司股票交易均价 12.71 元/股折价 19.35%。
5. 募集资金量：本次发行募集资金总额为 1 025 000 000.00 元，扣除发行费用 33 304 522.59 元，募集资金净额 991 695 477.41 元。

各发行对象的申购报价及其获得配售的情况：根据认购邀请书的认购优先原则，9 名投资者最终获得配售，配售数量总计为 10 000 万股。各发行对象的申购报价及获得配售情况如表 7-13 所示。

表 7-13　发行对象的申购报价及获得配售的情况

序号	询价对象名称	申购价格（元/股）	发行价格（元/股）	申购股数（万股）	配售股数（万股）
1	北京科聚化工新材料有限公司	11.10	10.25	1 000	1 000
2	北京环球银证投资有限公司	10.95	10.25	1 000	1 000
3	江苏瑞华投资发展有限公司	10.77	10.25	1 000	1 000
4	上海英博企业发展有限公司	10.65	10.25	1 000	1 000
5	上海证大投资管理有限公司	10.55	10.25	1 000	1 000
6	浙江天堂硅谷鲲鹏创业投资有限公司	10.25	10.25	1 000	1 000
7	信达澳银基金管理有限公司	10.35	10.25	1 000	1 000
8	铁岭新鑫铜业有限公司	10.25	10.25	1 800	1 800
9	泰康资产管理有限责任公司	10.25	10.25	1 200	1 200
	合计	-	-	10 000	10 000

三、本次发行对公司的影响

（一）本次发行对股本结构的影响

表 7-14　本次发行对股本结构的影响

股份类别	发行前 股份数量（股）	持股比例	本次发行 股份数量（股）	发行后 股份数量（股）	持股比例
一、有限售条件股份	83 539 774	47.20%	100 000 000	183 539 774	66.26%
1. 国家持股	-	-	-	-	-
2. 国有法人持股	58 575 709	33.09%	-	58 575 709	21.15%
3. 其他内资持股	24 964 065	14.10%	-	24 964 065	9.01%
4. 本次非公开发行股份	-	-	100 000 000	100 000 000	36.10%
二、无限售条件股份	93 460 226	52.80%	-	93 460 226	33.74%
人民币普通股	93 460 226	52.80%	-	93 460 226	33.74%
三、股份总数	177 000 000	100%	100 000 000	277 000 000	100%

（二）本次发行对资产结构的影响

表 7-15　本次发行对资产结构的影响

项目	2009年9月30日（万元）	资产结构	发行后（万元）	资产结构
总资产（合并）	99 700.78	100%	198 870.33	100%
负债合计（合并）	46 606.24	46.75%	46 606.24	23.44%
股东权益合计（合并）	53 094.54	53.25%	152 264.09	76.56%
总资产（母公司）	81 136.24	100%	180 305.79	100%
负债合计（母公司）	35 745.71	44.06%	35 745.71	19.83%
股东权益合计（母公司）	45 390.53	55.94%	144 560.08	80.17%

四、财务分析

（一）股权收益率分析

股权收益率=报告期净利润/净资产

表 7-16　桂林旅游股份有限公司股权收益率

年度	净资产	净利润	股权收益率	旅游业平均值
2008 年	2 625 749 520	30 648 911	0.011672443	0.08236
2009 年	459 505 480	36 531 818	0.079502464	0.07087
2010 年	1 381 180 868.70	42 715 113.91	0.030926517	0.0853

第七章　资本结构与股利政策

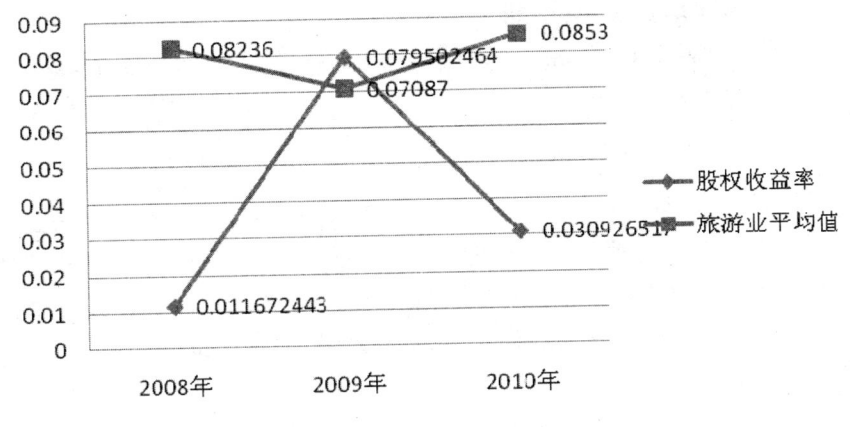

图 7-3　股权收益率分析

(二) 资产负债率分析

资产负债率=负债总额/资产总额

表 7-17　桂林旅游股份有限公司资产负债率

年度	资产	负债	资产负债率	旅游业平均值
2008 年	785 790 279	312 773 030	0.398036267	0.49266
2009 年	822 813 473	363 307 993	0.441543564	0.50959
2010 年	1 921 573 271.71	540 392 403.01	0.281223938	0.52038

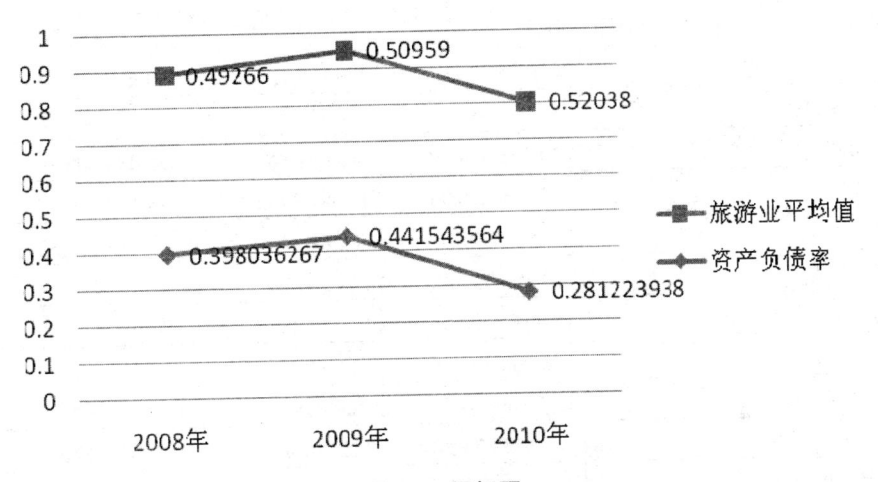

图 7-4　图标题

（三）加权平均资本成本分析

加权平均资本成本=优先股权重×优先股成本+普通股权重×普通股成本+债务权重×债务成本×(1-税率)

表 7-18　桂林旅游股份有限公司加权平均资本成本

年度	负债	所有者权益	资产	税率	股权收益率	利率	WACC
2008	312 773 030	473 017 249.89	785 790 279	25%	0.0116724	2.25%	0.013743249
2009	363 307 993	459 505 479.60	822 813 473	25%	0.0795025	2.25%	0.05184971
2010	540 392 403.01	1 381 180 868.70	1 921 573 271.71	25%	0.0309265	2.50%	0.027502189

五、案例分析

本案例分析桂林旅游定向增发带来的资本结构与资本成本的变化，从股权收益率分析看，定向增发使得公司股权收益率在2009年发生的异常波动回归。桂林旅游的股权收益率始终保持在与行业平均水平稳定的差距上。而从资产负债率的指标分析这种趋势相当明显，定向增发使得桂林旅游的资产负债率的变化曲线与行业平均保持了平行。桂林旅游的定向增发与其增发前的状况比，没有太大的变化。进一步做资本成本的分析，桂林旅游在定向增发前后的平均资本成本也出现了下降。因此，桂林旅游的此次定向增发没有改动资本结构的情况下，资本成本下降缓解了公司的压力。

六、案例附表

表 7-19　合并资产负债表

编制单位：桂林旅游股份有限公司			单位：人民币元
项目	2010年12月31日	2009年12月31日	2008年12月31日
流动资产：			
货币资金	230 163 484.27	110 561 847.30	96 038 605.26
应收账款	107 946 270.93	43 091 374.64	45 197 758.75
预付款项	36 998 690.30	68 581 735.32	57 630 877.52
应收股利	119 499.33	128 980.74	
其他应收款	18 441 977.65	17 680 283.19	9 608 084.63
存货	148 060 807.98	4 566 982.24	2 946 490.48
其他流动资产	1 128 693.74	1 098 585.32	
流动资产合计	542 859 424.20	245 709 788.75	211 421 816.64
非流动资产：			
长期股权投资	194 412 445.44	185 951 694.96	193 220 596.41
投资性房地产	11 740 422.30	12 211 445.10	10 051 383.94

续表

编制单位：桂林旅游股份有限公司			单位：人民币元
项目	2010年12月31日	2009年12月31日	2008年12月31日
固定资产	956 149 715.39	788 674 215.00	368 200 976.16
在建工程	63 632 126.72	43 013 682.82	71 257 820.05
无形资产	431 755 694.89	126 600 868.86	94 539 915.90
商誉	24 840 888.09	24 840 888.09	24 840 888.09
长期待摊费用	1 944 856.23	2 119 258.17	789 923.39
递延所得税资产	168 532 727.92	3 959 425.56	3 672 315.86
其他非流动资产	611 000.00	611 000.00	611 000.00
非流动资产合计	1 693 619 876.98	1 187 982 478.56	767 184 819.80
资产总计	2 236 479 301.18	1 433 692 267.31	978 606 636.44
流动负债：			
短期借款	211 000 000.00	103 000 000.00	176 000 000.00
应付账款	20 284 237.14	16 256 880.18	11 300 163.23
预收款项	14 858 797.80	5 636 104.46	593 200.65
应付职工薪酬	36 515 436.11	11 833 147.15	11 683 139.40
应交税费	29 555 085.58	3 233 353.24	1 970 179.92
应付利息	756 642.48	1 008 041.07	170 722.18
应付股利	193 796.43	272 836.11	403 879.33
其他应付款	52 114 076.49	80 394 802.27	27 544 742.34
一年内到期的非流动负债	40 000 000.00	70 000 000.00	5 000 000.00
其他流动负债			
流动负债合计	405 278 072.03	291 635 164.48	234 666 027.05
非流动负债：			
长期借款	335 775 900.00	541 000 000.00	183 000 000.00
其他非流动负债	62 002.00		
非流动负债合计	335 837 902.00	541 000 000.00	183 000 000.00
负债合计	741 115 974.03	832 635 164.48	417 666 027.05
所有者权益：			
股本	360 100 000.00	177 000 000.00	177 000 000.00
资本公积	967 948 397.92	281 216 340.56	161 020 320.65
盈余公积	57 599 233.79	53 327 722.40	49 674 540.63
未分配利润	47 470 806.26	25 620 728.41	107 553 788.51

续表

编制单位：桂林旅游股份有限公司　　　　　　　　　　　　　单位：人民币元

项目	2010年12月31日	2009年12月31日	2008年12月31日
归属于母公司所有者权益合计	1 433 118 437.97	537 164 791.37	495 248 649.79
少数股东权益	62 244 889.18	63 892 311.46	65 691 959.60
所有者权益合计	1 495 363 327.15	601 057 102.83	560 940 609.39
负债和所有者权益总计	2 236 479 301.18	1 433 692 267.31	978 606 636.44

参考文献

1. 刘星主编．财务管理．北京大学出版社，2008
2. 刘锦辉，任海峙主编．财务管理学．上海财经大学出版社，2010
3. 罗伯特·F. 布鲁纳著．应用兼并与收购．中国人民大学出版社，2011
4. 喻雁．企业并购估价方法研究[D]．江苏大学，2005
5. 万红兵．我国企业并购估价方法研究[D]．长沙理工大学，2006
6. 张红梅．并购理论综述[J]．宁夏大学学报（人文社会科学版），2006
7. 李加光．并购中的企业估价方法比较[J]．知识经济，2008（7）：78～79
8. 樊荣．浅议企业并购中目标企业的选择及估价方法[J]．吉林省经济管理干部学院学报，2009（5）：50～52
9. 徐高林．西方企业购并估价方法综述[J]．国际贸易问题，1999
10. 张维，齐安甜．企业并购理论研究评述[J]．南开管理评论，2002（2）：21～26
11. 周晖．饭店收入资本化估价方法应用分析[J]．湘潭工学院学报（社会科学版），2002（2）：12～15
12. 易平，燕艳，蔡金秀．企业并购理论及上市公司并购效应研究综述[J]．广州市经济管理干部学院学报，2005（2）：10～15
13. 曹洪军，安玉莲．跨国并购理论研究综述[J]．东方论坛（青岛大学学报），2003（6）：44～49
14. 汤文仙，朱才斌．国内外企业并购理论比较研究[J]．经济经纬，2004（5）：63～67
15. 叶建木．跨国并购的理论与方法研究[D]．武汉理工大学，2003
16. 徐兆铭．企业并购：理论研究与实证分析[D]．东北财经大学，2003
17. 苏力勇．基于资源配置视角的公司现金股利分配研究[D]．上海交通大学，2009
18. 周军．我国上市公司股利政策研究[D]．西南财经大学，2008
19. 王敏．中国上市公司股利政策的影响因素研究[D]．中南大学，2011

20. 张景奇，孟卫东，陆静．股利贴现模型、自由现金流量贴现模型及剩余收益模型对股票价格与价值不同解释力的比较分析——来自中国证券市场的实证数据[J]．经济评论，2006（6）：92～98

21. 丁斌斌．股利等差增长的股票估价模型探讨[J]．浙江工业大学学报，2006（6）：681～683

22. 高劲．两阶段增长模型的五种模式——股票定价的股利贴现模型的新思考[J]．广西师范大学学报（哲学社会科学版），2007（5）：51～54

23. 罗宏．上市公司现金股利政策与公司治理研究[D]．暨南大学，2006

24. 孟仲伟，李乐泉．2011年全球并购交易回顾及展望．2011

25. 张晨．我国企业并购过程中的问题与对策．

26. 万建华．浅谈目标企业并购理论．2006

27. 徐子英．并购需创新投资模式．2012

28. 我国企业并购理论研究的现状．2002

29. 柏明虎，沈中刚．现代资本结构理论研究．2009

30. 金满涛．对西方资本结构理论的思考．2008

31. 郑国忠，贾雅琴．西方资本结构理论及其启示．2011

32. 陈艳，张延国．现代资本结构理论对我国国有企业健全公司治理结构的启示．2010

33. 余蓉蓉，陈燕慧．从资本结构信号理论看我国上市公司的融资结构．中国矿业大学（徐州）管理学院，2009

34. 桂林旅游股份有限公司2009年年度报告

35. 桂林旅游股份有限公司2010年年度报告

36. 深圳华侨城控股股份有限公司2009年年度报告

37. 深圳华侨城控股股份有限公司2010年年度报告

38. 上海锦江国际酒店发展股份有限公司2010年年度报告